Lonegren · Das Buch zum Pendel-Set

HEINRICH HUGENDUBEL VERLAG
IRISIANA

Dieses Buch widme ich meiner Mutter,
Virginia P. Lonegren,
die mich vor über 25 Jahren
das Muten lehrte.

Sig Lonegren

Das Buch zum
Pendel-Set

Aus dem Amerikanischen von Karl Friedrich Hörner

Hugendubel

Die Originalausgabe erschien unter dem Titel
The Pendulum Kit

CIP-Titelaufnahme der Deutschen Bibliothek

Lonegren, Sig:
Das Pendel-Set : ausführliches Anleitungsbuch mit Ihrem persönlichen Pendel /
Sig Lonegren. [Aus d. Amerikan. von Karl Friedrich Hörner]. 2. Aufl. –
München : Hugendubel, 1991 (Irisiana)
Einheitssacht.: The pendulum kit <dt.>
ISBN 3-88034-480-9

© Eddison Sadd Editions, London 1990
© Text: Sig Lonegren 1990

2. Auflage 1991
© der deutschsprachigen Ausgabe Heinrich Hugendubel Verlag,
München 1990
Alle Rechte vorbehalten

Illustrationen: Vanessa Card
Produktion: Eddison Sadd Editions, London
Satz: Uhl+Massopust, Aalen
Druck und Bindung: Mandarin Offset, Hong Kong

ISBN 3-88034-480-9

Printed in Hong Kong

INHALT

Einführung	6
1 Was ist Muten?	8
2 Der Anfang	20
3 Pendeldiagramme	36
4 Anwendungsmöglichkeiten des Pendelns	74
5 Weitere Instrumente zum Muten	96
6 Zusammenfassung	108
Fachverbände und -zeitschriften	121
Literaturempfehlungen	123
Über den Autor	125

EINFÜHRUNG

Das Muten ist eine wissenschaftliche Kunst. Es ist ein Werkzeug, das wir nutzen können, um die Kluft zwischen der analytischen und der intuitiven Seite unseres Wesens zu überbrücken. Viele Menschen suchen heute nach Möglichkeiten, das Gleichgewicht wiederherzustellen und ihre Intuition mehr einzusetzen. Das Muten mit dem Pendel ist eine einfache und natürliche Lösung. Lassen Sie mich erklären, was ich unter Muten verstehe: die Deutung der Bewegungen eines schwingenden Pendels, um Antworten auf Fragen zu finden. Es bedeutet, intuitiv nach einer »Reaktion« des Pendels zu suchen.

Ich begann mit dem Muten vor mehr als fünfundzwanzig Jahren, als meine Mutter mir beibrachte, mit zurechtgebogenen Kleiderbügeln (L-Ruten oder Winkelruten, siehe S. 103) unterirdische Wasserleitungen im Vorgarten zu finden. Seit jener Zeit habe ich mich vor allem mit jenem Gebiet des Mutens beschäftigt, das die sogenannten Erdenmysterien erforscht. Ich erwarb hierbei einen Magistertitel und wurde Kuratoriumsmitglied der American Society of Dowsers (ASD), deren Schule ich leitete. Ich schrieb ein Buch mit dem Titel *Spiritual Dowsing* und arbeitete mit OakDragon zusammen, einer britischen Organisation, die neuntägige ganzheitliche Fortbildungscamps im Freien veranstaltet, die der Erforschung verschiedener Aspekte der Erdenmysterien gewidmet sind.

In den vergangenen fünfzehn Jahren kam es zu einer explosionsartigen Zunahme der Anwendungsmöglichkeiten des Mutens. Heute sind eine Vielzahl von Büchern über das Muten auf dem Markt. Die einen setzen zuviel voraus, um für Anfänger geeignet zu sein, die mit dem Pendeln gerade beginnen. Andere sind schlecht geschrieben oder konzentrieren sich allein auf die Wassersuche. Das vorliegende Buch wurde für all die geschrieben, die sich gerade den Möglichkeiten dieser uralten Kunst öffnen und etwas über die verschiedenen Bereiche des Mutens erfahren möchten, die uns heute zur Verfügung stehen.

EINFÜHRUNG

Dieses Buch geht davon aus, daß Sie noch nie gependelt haben, und es bringt eine Fülle von Übungen, die Ihnen helfen sollen, ein geübter Pendler zu werden. Es wird zusammen mit einem Pendel geliefert, einem der elementaren Instrumente zum Muten. Falls Sie der zweite oder dritte Leser dieses Buches sind, und das Pendel bei einem früheren Leser geblieben ist, können Sie sich leicht selbst eines anfertigen. Nehmen Sie ein dreißig Zentimeter langes Stück Faden, in das Sie ein Gewicht Ihrer Wahl gebunden haben – irgend etwas Ausgewogenes, z. B. einen schweren Ring oder eine Sechskantmutter.

Wenn Sie jetzt noch kein Pendel haben, dann fertigen Sie sich bitte eines an, bevor Sie mit der Lektüre des ersten Kapitels beginnen. Das Buch enthält Abschnitte, die Ihnen zeigen, wie Sie mit dem beigefügten Pendel arbeiten können und wie das Muten möglicherweise funktioniert. Es enthält weiterhin viele Diagramme, über denen Sie pendeln können; darunter sind einige neue Diagramme, mit deren Hilfe Sie durch Astrologie und Pendelkunst mehr über sich selbst erfahren können. Sie werden erfahren, wie man noch andere Instrumente zum Muten anfertigt und verwendet, dann folgt eine Abhandlung über Wissenschaft und Radiästhesie, und schließlich ein umfassender Nachschlageteil, der Sie auf weitere Literatur und Radiästhesie-Organisationen aufmerksam macht.

Bitte versuchen Sie, *alle* Übungen durchzuführen, *während* Sie das Buch lesen. Sagen Sie nicht: »Ich lese zuerst das Buch, und die Übungen mache ich hinterher.« Wenn Sie dies tun, versäumen Sie das Wichtigste. Wenn Sie im Laufe dieses Buches die Übungen durchführen, werden Sie am Ende eine neue Art erlernt haben, Ihre Intuition bewußt in Ihren Entscheidungsfindungsprozeß einzubringen. Willkommen in einer wundervollen neuen/alten Welt.

SIG LONEGREN
20. April 1989
Vollmond

KAPITEL 1

Was ist Muten?

Es war einer jener Bilderbuchtage in Vermont, an denen der Rasen grüner ist als grün, und herrliche weiße Wolken wie dicke Wattebäusche den Stannard Mountain im Osten umrahmten. Wir saßen draußen vor dem Haus auf dem Rasen und genossen diesen schönen Tag mit einigen Freunden. Aus irgendeinem Grunde hatte meine Frau Kathy mit ihrem Verlobungsring gespielt, einem Erbstück von meiner Großmutter, und plötzlich merkte sie, daß sie ihn verloren hatte. Wo sollte man suchen? Wir teilten den Rasen in kleine Planquadrate auf und begannen wie wild das Gras zu durchkämmen, in dem Versuch, den Ring mit den Händen zu fassen zu bekommen.

Plötzlich erinnerte ich mich, daß ich mein Pendel in der Tasche hatte. Ich verwende ein Pendel von der Form einer Gewehrkugel. Es ist aus Stahl, ungefähr so dick wie ein Federhalter, und ca. 3 cm lang, an einem Ende spitz. Am anderen Ende ist eine rund 15 cm lange Kette, wie man sie früher an den Verschlußstöpseln im Waschbecken hatte.

Als ich das Kettchen mit dem unter meiner Hand pendelnden Gewicht hielt, gingen mir alle möglichen Gedanken durch den Sinn. »Der Ring war von Oma, und jetzt gehört er Kathy, der er viel bedeutet... Allein der Stein ist eine Menge wert... Vielleicht ist er für immer verloren... Warte mal! Das ist wirklich wichtig für mich. Ich sammle mich. In welcher Richtung liegt Kathys Verlobungsring?«

Das Pendel fing an, vor und zurück zu schwingen, und zeigte damit eine Linie, die etwas nach links vorn gerichtet war. »Liegt er vor mir?« Mein Pendel rotierte nun im Uhrzeigersinn, was bei mir *ja* bedeutet. Ein leichter Schauer lief mir den Rücken hinab. Das war das Signal meines Körpers, das mir mitteilt, daß ich auf der richtigen Spur bin.

Ich merkte mir die Richtung dieser Linie, und ging dann etwa einen Meter nach links vorne. Wieder fragte ich: »In welcher Richtung liegt Kathys Verlobungsring?« Wieder begann das Pendel vor und zurück zu schwingen und zeigte eine Richtung fast genau geradeaus. In Gedanken konnte ich

»sehen«, in welche Richtung das Pendel zuerst gezeigt hatte. Ich verglich sie mit der zweiten Schwingungslinie. Der Ring sollte an der Stelle zu finden sein, wo beide Linien sich kreuzten. Ich beugte mich vor, streckte die Hand aus und griff ins Gras. Ich spürte den Ring zwischen den Fingern. Wie hatte ich das gemacht? Wie konnte ein schwingendes Stahlpendel mir die Lage eines verlorenen Gegenstandes anzeigen? Was ist dieses Phänomen, das man Muten nennt, und wie funktioniert es?

Ich möchte zunächst feststellen, daß das Muten – abgesehen von seinem Vorzug als schönes Mittel zum Wiederfinden verlorener Gegenstände – eine Methode zum Ausgleichen des rationalen Aspektes unseres Wesens mit dem intuitiven ist. Es ist ein Werkzeug zur Erkundung des Unbewußten, ein Weg, Antworten auf Fragen zu finden, die durch den rationalen Denkvorgang oder durch Anwendung wissenschaftlicher Methoden nicht beantwortet werden können. Und doch ist der rationale Denkvorgang ein Bestandteil des Mutungsprozesses.

Doch nun zum Muten selbst: Muten ist der Oberbegriff für die Arbeit mit Pendel, Wünschelrute und anderen, sogenannten radiästhetischen Instrumenten. Da dieses Buch hauptsächlich vom Muten mit dem Pendel handelt, wird auch der Begriff Pendeln verwendet.

Wir fangen gleich mit dem Muten an, indem wir zwei Pendelsignale oder -antworten lernen – *ja* und *nein* –, von denen unsere Intuition Gebrauch machen kann, wenn sie mit uns kommuniziert. Wir werden versuchen zu erkunden, was es mit dem Phänomen des Mutens auf sich hat, befassen uns dabei mit dem Thema der linken Hirnhemisphäre im Unterschied zur rechten, und erfahren etwas über die frühchristliche Gruppierung der Gnostiker, deren Weltanschauung uns helfen kann, das Muten besser zu verstehen. Ich glaube, daß Intuition und Muten ein und dasselbe sind; gewiß aber wird das Muten dazu führen, daß Sie Ihre intuitiven Fähigkeiten üben. Wir werden einige Möglichkeiten besprechen, das Muten zu erklären, und dabei auch Vergleiche und Analogien mit Radar und Hologramm ziehen.

Die Übungen

Im Laufe dieses Buches werden wir Übungen durchführen.

Diese Übungen sind in Kursivschrift gesetzt, um Sie darauf aufmerksam zu machen, daß Sie mehr tun müssen, als nur den Text zu lesen.

Damit Sie wirklich einen Gewinn von diesem Buch haben, bedarf es Ihrer aktiven Beteiligung. Sie können das Pendeln nicht lernen, indem Sie lediglich darüber lesen; Sie müssen es selbst tun. Deshalb wird das Buch zusammen mit einem Pendel geliefert, einem konischen Messinglot an einer Schnur.

Lassen Sie uns gleich mit der ersten Übung anfangen und von diesem erstaunlichen kleinen Instrument Gebrauch machen. Wir wollen zu Beginn drei verschiedene Reaktionen finden, die das Pendel zeigen kann. Die erste ist die *Suchposition*. Sie bedeutet: »Ich bin bereit.«

Halten Sie die Hand mit Daumen und Zeigefinger nach unten, dazwischen die Schnur mit dem Pendel. Lassen Sie etwa 5 Zentimeter zwischen Fingerspitzen und Messingpendel frei. Sie dürfen den Ellbogen auf die Tischplatte stützen, wenn Ihnen dies bequemer scheint.

Halten Sie das Pendel so

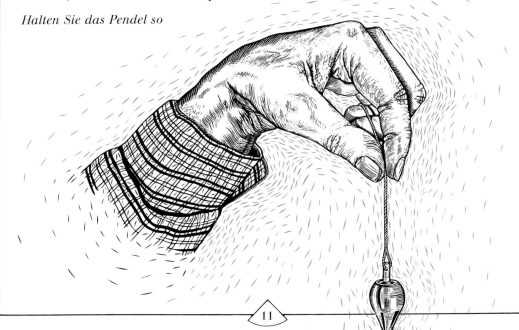

Die *Suchposition* ist die Ausgangsstellung, von der aus Sie alle anderen Pendeloperationen starten, die Sie im Laufe dieses Buches lernen werden. Im Umgang mit dem Pendel gibt es keine universell gültigen Reaktionen. Nicht jedermanns *Suchposition* ist die gleiche. Im allgemeinen ist sie eine von zwei Reaktionen: Entweder gibt es überhaupt keine Bewegung (d. h. das Pendel hängt still herab, als sei es ein totes Gewicht), oder es schwingt vor und zurück, direkt auf Sie zu und von Ihnen fort. Beide Möglichkeiten sind akzeptable Suchpositionen. Einige Jahre lang leitete ich gemeinsam mit Edward Jastram die jährliche Pendelschule der American Society of Dowsers. Edwards Suchposition war die bewegungslose, meine dagegen – nach wie vor – das Vor- und Zurückschwingen des Pendels. Nun kommt unsere erste Übung:

Halten Sie das Pendel, wie in der Abbildung gezeigt. Sagen Sie zu Ihrem Pendel: »Zeige mir meine Suchposition*. Ich möchte meine* Suchposition *sehen.«*

Das Beste daran ist, daß dieser, Ihr erster Versuch mit dem Muten, auf jeden Fall erfolgreich sein wird, selbst wenn Ihr Pendel sich überhaupt nicht rührt!

Nun zum *Ja*. Auch hier gilt: Es gibt keine universelle *Ja*-Reaktion. Bei den meisten Pendlern ist es jedoch eine von zwei Möglichkeiten: Wenn die Suchposition ein bewegungsloses Pendel ist, dann ist die *Ja*-Reaktion bei manchen Pendlern ein Vor- und Zurückschwingen – wie wenn man mit dem Kopf nickt: *ja*. Viele Pendler stellen fest, daß ihr *Ja* eine Kreisbewegung des Pendels im Uhrzeigersinne ist. Jede der beiden Reaktionen ist in Ordnung.

Halten Sie das Pendel in Ihrer Suchposition *und stellen Sie folgende Frage: »Wenn im Frühling das Gras sprießt – ist es grün?« Natürlich wissen Sie, daß die Antwort auf diese Frage Ja lautet. Achten Sie also genau auf jegliche Abweichung des Pendels von der* Suchposition*. Sie können es auch auffordern: »Zeige mir Ja, zeige mir Ja.«*

Wenn Ihr Pendel sich nicht von selbst zu bewegen scheint, dann helfen Sie ihm nach! Ich empfehle, daß Sie es im Uhrzeigersinne kreisen lassen. Dabei sagen Sie in Gedanken (oder auch laut, wenn Sie wollen): »Dies ist Ja*, dies ist positiv, dies ist Yang, dies ist* Ja*.«*

Nun wollen wir *Nein* finden. Wenn Ihre *Ja*-Reaktion ein Vor- und Zurückschwingen war, werden Sie vielleicht feststellen, daß das Pendel bei *Nein* von

Seite zu Seite schwingt – wie wir den Kopf schütteln, um Nein anzudeuten. Wenn *Ja* jedoch eine Kreisbewegung im Uhrzeigersinne war, könnte das *Nein* ein Kreisen im Gegenuhrzeigersinne sein. Versuchen Sie, Ihre *Nein*-Reaktion mit Hilfe der nächsten Übung festzustellen.

Halten Sie das Pendel in Ihrer Suchposition *und stellen Sie folgende Frage: »Ist Schnee grün?« Sie wissen natürlich wieder die richtige Antwort. Achten Sie also genau auf jegliche Abweichung des Pendels von der* Suchposition, *die keine* Ja-Reaktion *ist. Dies ist nun Ihre* Nein-Reaktion.
Es hat nicht funktioniert. Das ist in Ordnung. Viele Anfänger haben zunächst Schwierigkeiten, das Pendel dazu zu bringen, von selbst zu schwingen (jedenfalls fühlt es sich so an, wenn es zum erstenmal klappt). Ich würde vorschlagen, daß Sie das Pendel im Gegenuhrzeigersinn kreisen lassen und dabei zu sich sagen: »Dies ist Nein, *dies ist rezeptiv, dies ist Yin, dies ist* Nein.«

Wenn Sie diese Übungen eine Woche lang mehrmals täglich durchführen, werden Ihre Pendelfähigkeiten sich festigen. Was dabei geschieht ist, daß Sie mit Ihrem Unbewußten kommunizieren und einen Code festlegen. Im Grunde spielt es keine Rolle, auf welche gemeinsame Sprache Sie sich einigen; wichtig ist allein, daß Sie einen Code besitzen, der bis jetzt aus drei unterschiedlichen, erkennbaren Signalen besteht: *Suche, Ja* und *Nein*. Geben Sie sich selbst das Versprechen, diese drei Übungen ab jetzt eine Woche lang täglich zu praktizieren. Es wird Ihnen wirklich helfen, sich zum Pendler auszubilden.

Linke und rechte Gehirnhälfte

Wir leben heute in einer Welt, die das rationale Denken in den Vordergrund stellt. Als wir die Schule besuchten, hatten wir uns mit Fragen zu befassen wie »Welche Ereignisse führten zum amerikanischen Bürgerkrieg?« oder »Wenn der Radius eines Kreises vier Zentimeter mißt, wie lang ist dann sein Umfang?« Während die Frage nach dem Entdecker Mexikos wohl wichtig war, schien sich doch niemand dafür zu interessieren, wie sich die Azteken fühlten, als sie merkten, was Cortez und seine Konquistadoren im Sinne hatten. Wir neigen dazu, die Geschichte als eine Folge von Ergebnissen und

Geschehnissen zu betrachten. Man hat uns gelehrt, analytisch zu sein, Anweisungen zu befolgen und die »richtige« Antwort auszuspucken, und man könnte meinen, daß nur wenige Lehrer daran interessiert scheinen, unseren intuitiven, empfindenden Aspekt zu stärken.

In den letzten zehn bis fünfzehn Jahren wurde sehr viel über die linke und die rechte Gehirnhälfte geschrieben. Die linke Hälfte scheint die rechte Seite unseres Körpers zu kontrollieren, sowie unsere analytischen, linearen Denkvorgänge. Wenn Sie einen Schlaganfall haben, der die rechte Körperseite lähmt, dann können Sie möglicherweise auch nicht sprechen. Das Sprechen ist eine lineare Fähigkeit: Das Subjekt kommt vor dem Prädikat, das wiederum vor dem Objekt stehen muß.

Das rechte Gehirn beherrscht die linke Körperhälfte und scheint der Sitz der subjektiven, intuitiven Funktionen sowie der ganzheitlichen Fähigkeiten zu sein. Dieser Aspekt unseres Wesens ist es, der andere Menschen erkennt. Wir blicken nicht auf Nase, Lippen, Augen und Haar eines Menschen und sagen dann: »Ah, du bist es, Jack!« Das Erkennen ist keine lineare Funktion, denn wir nehmen das Gesicht unseres Gegenübers als ganzes war und erkennen, wer es ist. Es heißt ferner, daß die rechte Seite unseres Gehirns die intuitiven Fähigkeiten regiert. Während Forschungen in jüngerer Zeit gezeigt haben, daß es wohl eine zu große Vereinfachung wäre zu sagen, daß die linke Gehirnhemisphäre rational, die rechte intuitiv sei, können wir diese Unterscheidung im Rahmen unseres Buches doch als eine hilfreiche Verdeutlichung verwenden.

Unsere rationale Seite ist wohlgenährt, sogar überernährt; bei den meisten ist aber die intuitive, subjektive Seite am Verhungern. Unsere Schulen, unsere Berufe und unsere Regierungen scheinen diese Hälfte unseres Wesens nicht zu schätzen. Und so kommt es, daß wir gewissermaßen mit einem offenen und einem geschlossenen Auge durchs Leben gehen. Viele Menschen erkennen aber, daß sie, um ganz und erfüllt zu werden, auch die intuitive, subjektive Seite ihres Wesens erschließen müssen. Das Muten ist eine Kunst, die hier sehr nützlich werden kann.

Wenn man in unserer modernen Welt etwas weiß, bedeutet dies, daß jeder andere es ebenso erfahren und wissen kann, wenn er von seinen fünf Sinnen Gebrauch macht (oder zu deren Erweiterung technische oder elektronische Instrumente zu Hilfe nimmt). Etwas zu wissen (engl. *to know*) heißt, imstande zu sein, es wissenschaftlich zu beweisen. Das englische *know* ist über das mittelenglische Wort *knowen* zurückzuführen auf das lateinische *gnoscere* und das griechische *gignoskein* (erkennen, wissen, kennen), das wiederum – wie auch das deutsche Wort *kennen* und verwandte Wörter in anderen indoeuropäischen Sprachen – auf die Wurzel *gen* (erkennen, kennen, wissen) zurückgeht.

Mit dem lateinischen *gnoscere* verbindet sich aber noch eine andere Bedeutung, die lange Zeit unterdrückt wurde und schließlich in Vergessenheit geriet. Die frühchristlichen *Gnostiker* (von griech. *gnosis* = die Erkenntnis) betrachteten viele Aspekte des Lebens auf eine Weise, die den Vertretern der Kirche mißfiel und bedrohlich vorkam. Die Gnostiker waren beispielsweise der Ansicht, daß Frauen und Männer gleichwertig sind, und bei ihren Gottesdiensten erfüllten Frauen sogar priesterliche Funktionen. Solches aber gefiel den Kirchen*vätern* nicht. Die frühe Epoche der christlichen Kirche ist die »patristische«, abgeleitet von dem lateinischen *pater*, d. h. Vater. Feminine (intuitive) Energien von Frauen hatten in der Hierarchie der frühen Kirche keinen Platz.

Die Gnostiker bemühten sich, die spirituellen Bereiche direkt und persönlich kennenzulernen. Während sie für die Lehren vieler Richtungen offen waren, sahen sie die spirituelle Verantwortung doch in jedem einzelnen. Die Gnostiker konnten nicht akzeptieren, daß eine Person in Rom der höchste Richter über das sein sollte, was für jedermann spirituelle Gültigkeit hatte. Sie hatten selbst jene nicht-greifbaren geistigen Bereiche erlebt und konnten deshalb entscheiden und erkennen, was für sie Realität war. Sie beanspruchten das Recht, selbst zu wissen, was für sie Wahrheit war und was nicht.

Wenn man etwas intuitiv erfährt, ist es durch rationale Denkvorgänge nicht zu beweisen. Wenn man weiß, daß Gott existiert, kann man ihn doch nicht riechen, schmecken, sehen, hören oder berühren, denn diese Erkenntnis erfährt man nicht durch die fünf Sinne des Körpers. Solches Wissen spricht die intuitive Seite unseres Wesens an, nicht den Verstandesaspekt. Auch das Muten ist eine Weise des *intuitiven Erfahrens*.

Das Muten ist aber auch, wie bereits erwähnt, eine wissenschaftliche Kunst. Vielleicht haben Sie schon davon gehört, daß jemand mit der Wünschelrute nach Wasser suchte; das ist nach wie vor einer der wichtigsten Aspekte dieser sehr alten Form des Mutens. Um dabei gut zu sein, muß man sowohl gut im Wissenschaftlichen (d. h. Rationalen) als auch in der Kunst (d. h. im Intuitiven) sein.

Zuerst nämlich gilt es, die richtige Frage zu stellen. Wenn beispielsweise jemand einen Brunnen graben wil, kann man nicht einfach auf sein Grundstück gehen und fragen: »Wo ist das nächste Wasservorkommen?« Man könnte auf eine Wasserquelle stoßen, die 200 Meter tief unter der Erde ist, in der Stunde nur ein Schnapsgläschen Flüssigkeit von schweflligem Geschmack hergibt, und jedes Jahr von April bis September versiegt. Statt also zu fragen: »Wo ist das nächste Wasservorkommen?« sollte die Frage etwa lauten: »Ich muß diesen Brunnen selbst graben. Wo ist also das nächste Trinkwasservorkommen, nicht tiefer als 6 Meter unter der Erde, das mir das ganze Jahr mindestens 20 Liter in der Minute liefert?« Das ist die richtige Art zu fragen. Das ist das Wissenschaftliche an der Kunst des Mutens: die richtige Frage zu stellen.

Dann kommt der intuitive Teil: jener Aspekt Ihres Gehirns, der Dinge auf der Stelle spüren kann, ohne darüber nachzudenken. Irgendwie haben Sie dabei die linke, die analytische Seite des Gehirns vorübergehend abgestellt, und die intuitive geöffnet; so können Sie die Antwort erfahren. Dann kann das radiästhetische Werkzeug Ihnen die beste Antwort zeigen, und es ist wirklich verblüffend, wie oft es bei einem fähigen Rutengänger oder Pendler funktioniert. Ein guter Rutengänger ist in 85–90% der Fälle erfolgreich!

Warum hebe ich das Intuitive so stark hervor? Ich dachte immer, daß wir in einer Welt leben, in der unser Verstandesdenken alle Probleme lösen könne. Viele Menschen glauben das, aber interessanterweise scheint es in der Praxis anders auszusehen. Angefangen bei Archimedes, der den Begriff des spezifischen Gewichts entdeckte, als er in der Badewanne saß (woraufhin er aufsprang und sein »Heureka!« [»Ich hab's gefunden!«] rief), bis hin zu den erfolgreichsten Geschäftsleuten der modernen Zeit, die – wie Untersuchungen ergeben haben – nach ihrem Gespür und ihren Ahnungen handeln: die Intuition spielte eine wichtige Rolle in der Entwicklung des rationalen, linear denkenden westlichen Menschen.

Auch das Muten kann man als scheinbar irrational sprunghaft betrachten. Es gibt Antworten auf Fragen, die mit den Mitteln des Verstandes nicht gelöst werden (oder deren Lösung sehr viel Zeit in Anspruch nähme). Der Wünschelrutengänger kann einen unterirdischen Wasserlauf weder sehen, noch berühren, riechen, hören oder schmecken – aber trotzdem finden. Das Muten führt uns über die Grenzen unseres rationalen Denkens hinaus, aber vielleicht – und das ist am wichtigsten – verlangt es von uns gar nicht, daß wir unser rationales Denken abweisen. Es ist nicht eine entweder rationale oder intuitive Angelegenheit. Zum Muten braucht man beide Fähigkeiten: Sie müssen die richtige Frage stellen (linke Gehirnhälfte), und dann die intuitive Seite (rechtes Gehirn) die Antwort suchen lassen. Sie können buchstäblich nach allem muten, was sich denken läßt; Grenzen setzt Ihnen nur Ihr Vorstellungsvermögen. Außer nach unterirdischen Wasserquellen mutet man heute auch nach Erdöl, Erz, Schätzen, vermißten Personen, gesundheitlichen Aspekten, Erdenergien und allen möglichen anderen Dingen, ob greifbar oder nicht.

Oft pendeln Menschen, anstatt nach konkreten Gegenständen zu muten, nach der Antwort auf Ja/Nein-Fragen, von: »Ist diese Birne reif?«, bis hin zu »Ist das für mich am jetzigen Punkt meines Lebens eine positive Richtung?« Auf diesen Frageaspekt des Mutens wollen wir uns in diesem Buch konzentrieren – wie wir Antworten auf Fragen bekommen können, die von besonderer Bedeutung und Wichtigkeit in unserem Leben sind.

Und wie funktioniert es?

Das ist die Frage, auf deren Antwort Sie gewiß brennen. Die ehrliche Antwort ist, daß wir es im Grunde nicht wissen; doch es gibt einige Erklärungsversuche. Die erste Theorie knüpft die Verbindung zum Radar. Auf der Suche nach unterirdischen Wasserquellen sendet der Rutengänger vielleicht eine Art von Signalen aus, die nach dem Ziel suchen. Wenn sie das Gewünschte finden, werden die Signale reflektiert und bringen die Wünschelrute in den Händen des Suchenden zum Ausschlag. Es wäre auch denkbar, daß der Wasserlauf selbst irgendein Signal aussendet, das vom Rutengänger aufgefangen wird.

Aber wie können Radarausstrahlungen von unterhalb der Erdoberfläche erklären, wie wir durch Muten Antworten auf Ja/Nein-Fragen erhalten wie »Ist das für mich am jetzigen Punkt meines Lebens eine positive Richtung?« Wie kann der Rutengänger einen bestimmten Wasserlauf finden, der das ganze Jahr über mindestens 20 Liter pro Minute liefert? Dies läßt sich durch

DAS PENDEL-SET

Radar, soweit wir es heute verstehen, nicht erklären. Radar kann existierende Gegenstände aufzeichnen und entdecken, aber nicht in die Zukunft oder Vergangenheit blicken. Es kann nicht sagen, wie stark ein unterirdischer Wasserlauf in der Vergangenheit gewesen ist, oder welche Kapazität er in Zukunft besitzen wird. Entweder entspricht also Radar nicht der Funktionsweise des Mutens, oder es kommt nur einer der Möglichkeiten gleich, die das Muten umfaßt.

Eine mögliche Erklärung der Frage nach der Wirkungsweise des Mutens ist der Vergleich mit einem Hologramm. Im Jahre 1981 schrieb Rupert Sheldrake, ein Biochemiker in London, ein Buch mit dem Titel *Das schöpferische Universum – Die Theorie des morphogenetischen Feldes*. Darin stellte er eine neue/alte Sicht der Realität dar. Statt einer dreidimensionalen oder linearen Betrachtung der Wirklichkeit hatte er die Vision, die dem Hologramm zugrundeliegt. Aus dieser Sicht gewann ich eine völlig neue Perspektive hinsichtlich der Frage »Was ist Realität?«

Im Unterschied zu einem normalen fotografischen Negativ von etwa einer Banane sieht ein holografisches Negativ aus wie die Oberfläche eines Sees, in den jemand eine Handvoll Kies geworfen hatte: ein Netz konzentrischer Interferenzmuster. Wenn man von einem fotografischen Negativ eine Ecke abreißt und dann eine Papiervergrößerung davon anfertigt, wird man nur einen Teil des Bildes, z. B. der Banane, sehen. Wenn man jedoch von einem holografischen Negativ eine Ecke abreißt und dann mit kohärentem Licht (einem Laserstrahl) durchleuchtet, kann man immer noch die ganze Banane sehen – vielleicht nicht ganz so scharf, aber nach wie vor vollständig.

Möglicherweise ist das ganze Universum wie ein holografisches Negativ, und wir alle sind Teile davon. Wir haben alles in uns. Wenn Gott im Innern und allwissend ist, dann können wir natürlich die Antwort auf die Frage finden, ob ein unterirdischer Wasserlauf das ganze Jahr über strömt.

Wenn wir Teil des Hologramms des ganzen Universums sind, dann können wir die Antworten finden, indem wir nach innen gehen. Viele Menschen, die meditieren, werden Ihnen das bestätigen. Nach dem holografischen Modell ist irgendwo in unserem Innern jenes kleine Teilchen des Hologramms, das die Antwort auf jede Frage birgt, die wir stellen könnten.

Das holografische Modell legt also nahe, daß die Antworten beim Muten aus dem Innern des Pendlers oder Rutengängers kommen. Radar dagegen ist etwas Äußeres. Ein Signal geht von innen aus, und wenn es das Ziel gefunden hat, prallt es ab und kommt zu uns zurück. Eine weitere mögliche Erklärung ist, daß man sich beim Muten einstimmt auf eine »große Bibliothek im Himmel«, ähnlich der Akasha-Chronik der Hindus, einem Ort, an dem alles, das je war, aufgezeichnet ist. Das aber wäre wieder außerhalb.

Das Pendel ist ein Instrument, das uns unserer intuitiven Seite öffnen kann. Damit es funktioniert, müssen wir sowohl unsere rationalen als auch die intuitiven Aspekte einsetzen. Die Gnostiker waren fähig, diesen intuitiven Erfahrungsweg zu beschreiben; das Muten kann ihn uns in der heutigen Zeit zugänglich machen. Wie also funktioniert das Muten? Die tatsächliche Antwort ist vermutlich in allen soeben wiedergegebenen Erklärungsversuchen zu finden. Wir wissen es wirklich nicht. Zu unterschiedlichen Zeiten und aus einer Vielzahl von Gründen scheint das Muten auf verschiedene Weise und auf gegensätzlichen Ebenen zu wirken. Wir haben es mit anderen Medien verglichen, einschließlich Radar und Hologramm, aber aus pragmatischer Sicht spielt es letzten Endes keine Rolle, wie das Muten funktioniert. Die Hauptsache ist, daß es funktioniert – zumindest meistens. Das klingt zwar nicht sehr zuverlässig, aber es ist wichtig, im Kopf zu behalten, daß unsere rationale Seite nicht immer hundertprozentig akkurat ist. In der Zusammenarbeit aber können Rationales und Intuitives unsere Chance beträchtlich steigern, die beste Antwort zu finden. Der Zweck dieses Buches ist, von unserer Intuition häufiger Gebrauch zu machen als bisher.

Beginnen wir wieder mit den einfachen Pendelübungen. Halten Sie das Pendel zwischen Daumen und Zeigefinger, und sagen Sie: »Zeige mir meine Suchposition.«

Wenn Sie sie haben, sagen Sie: »Zeige mir Ja.« *Achten Sie auf die Reaktion Ihres Pendels. »Dies ist* Ja*, dies ist positiv, dies ist Yang, dies ist* Ja.«

Und nun versuchen Sie: »Zeige mir Nein.« *Dann: »Dies ist* Nein*, dies ist rezeptiv, dies ist Yin, dies ist* Nein.«

Bitte denken Sie daran, diese Übungen weiterhin zu praktizieren. Manchmal werde ich Sie bitten, das Buch wegzulegen und für eine andere Übung einige Gegenstände zu holen. Wenn es irgendwie möglich ist, dann führen Sie die Übungen durch, *während* Sie das Buch lesen. Spätere Kapitel werden für Sie sinnvolles sein, wenn Sie die Übungen im Laufe der Lektüre machen.

KAPITEL 2

DER ANFANG

Es gibt keine Methode, die beim Muten für jeden Menschen richtig ist. Es gibt nur einen richtigen Weg für Sie, und was für Sie am besten funktioniert, werden Sie nur beim Muten selbst feststellen. In diesem Buch finden Sie viele verschiedene Empfehlungen, und ich gehe davon aus, daß Sie sie alle ausprobieren. Am Ende aber können nur Sie selbst entscheiden, welche Vorgehensweise Ihnen entspricht. Mit welcher Hand zum Beispiel halten Sie das Pendel? Ist Ihnen aufgefallen, daß ich bisher nie gesagt habe, in welcher Hand Sie das Pendel halten sollten; Sie selbst haben ganz natürlich (intuitiv) gewußt, welche Hand für Sie die bessere ist. Üben Sie also weiter mit der Hand, mit der Sie angefangen haben. Denken Sie daran, daß Sie entspannt sein sollten, wenn Sie die einzelnen Übungen mit dem Pendel durchführen. Versuchen Sie nicht mit Gewalt, etwas zu erreichen, was Sie für die richtige Reaktion halten.

Beim Muten ist das »Einstimmen«, die Vorbereitung, einer der wichtigsten Faktoren, eine Fähigkeit, die der Pendler oder Rutengänger ausbilden kann. Es gibt zwar keine für jeden richtige Methode der Einstimmung, aber ich zeige Ihnen einen Weg, der Ihnen helfen kann, sich auf die jeweilige Thematik der Mutung zu konzentrieren.

DIE VIELLEICHT-REAKTION

Bis jetzt haben Sie mit der *Suchposition* sowie mit der *Ja*- und der *Nein*-Reaktion gearbeitet. Jetzt wollen wir eine vierte Reaktion lernen. Sie bedeutet: »Deine Frage geht in die falsche Richtung«, oder: »Das ergibt keinen Sinn«. Um es einfach auszudrücken: die *Vielleicht/falsche Frage*-Reaktion. Nicht jede Frage, die Sie stellen, ergibt einen Sinn im Hinblick auf das, was Sie letztlich herausfinden möchten. Diese Reaktion des Pendels wird Sie darauf hinweisen, daß Sie auf der falschen Fährte sind.

DAS PENDEL-SET

Halten Sie das Pendel in der Suchposition. Bei den meisten Pendlern ist die Vielleicht/falsche Frage-Reaktion ein Schwingen halbwegs zwischen vorwärts/rückwärts und links/rechts – in einem 45°-Winkel. Versuchen Sie es selbst.

Fragen sie das Pendel: »Zeige mir meine Vielleicht/falsche Frage-Reaktion.« Wenn Ihr Pendel sich offenbar nicht rühren will, dann helfen Sie nach, so daß es in einem 45°-Winkel vor- und zurückschwingt, zwischen 10.30 und 4.30 Uhr oder zwischen 1.30 und 7.30 Uhr auf einem Zifferblatt.

Jetzt haben Sie vier verschiedene Pendelreaktionen. Mit diesen vier Grundbegriffen können Sie auf fast jede vorstellbare Frage eine Antwort erhalten. Nach der Methode des alten Kinderfragespiels »Ich sehe was, was du nicht siehst« (Ist es ein Tier? Eine Pflanze? Ein Stein? Größer als der Brotkasten? Ist es in der Küche? Im Wohnzimmer?« usw.) können Sie nun pendeln, um die Antwort auf nahezu alles zu finden.

Bei den meisten Menschen ist die Vielleicht/falsche Frage-Reaktion *ein Schwingen in einer der beiden Richtungen, die um 45° von der* Suchposition *abweichen (Siehe Abb. rechts oben).*

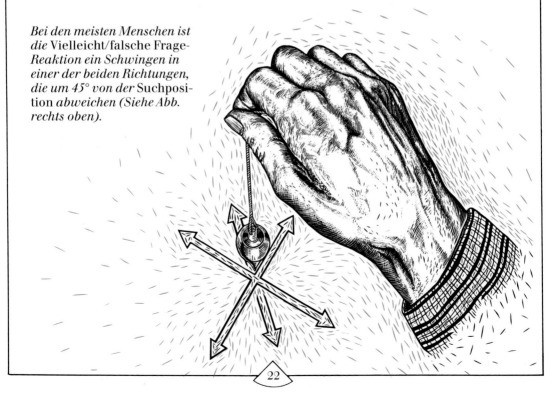

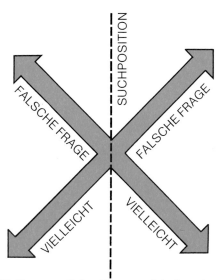

Es gibt jedoch auch Fallen, und der Unterschied zwischen einem Anfänger und einem erfahrenen, fähigen Pendler zeigt sich darin, daß der Anfänger unumgänglich in diese Fallen stolpert. Wie schon gesagt, ist es von entscheidender Bedeutung, daß die richtige Frage gestellt wird. Wenn Sie die Frage formulieren, müssen Sie darauf achten, daß sie nur auf eine einzige Weise zu verstehen ist. Ihr Unbewußtes nimmt die Dinge sehr wörtlich (Denken Sie an mein früheres Beispiel »Wo ist das nächste Wasservorkommen?«). Durchdenken Sie also die Frage und formulieren Sie sie so, daß sie so klar wie möglich ist. Wenn Sie nicht mit der richtigen Frage anfangen, werden Sie nicht die richtige Antwort bekommen. So einfach ist es.

Einstimmen

Der nächste Schritt ist das Einstimmen. Das ist, als schaltete man das Radio an und stellte es auf die richtige Frequenz ein. Ich selbst verwende hier vorbereitende Schritte oder Fragen zur Einstimmung. Ich sage aus, was ich tun will, und hoffe, ein *Ja* zu erhalten. Dann stelle ich drei einfache, aber wichtige Fragen: »Kann ich?«, »Darf ich?«, »Bin ich bereit?«

»Kann ich?« hat damit zu tun, ob ich die Pendelbefähigung besitze, die richtige Antwort auf meine Frage zu erhalten. (Sie werden sich vermutlich an die alte Geschichte aus dem Klassenzimmer erinnern: »Herr Lehrer, kann ich auf die Toilette gehen?« – »*Können* kannst du natürlich, aber *dürfen* darfst du erst, wenn deine Arbeit fertig ist.«) In diesem Augenblick mögen Sie sehr wohl die Befähigung haben, die notwendig ist, einen Ring zu finden, den Ihr Freund irgendwo im Zimmer verloren hat, aber vielleicht können Sie noch nichts aus der Zukunft muten, oder das sogenannte Zeitmuten praktizieren. Die Reaktion des Pendels auf Ihre Frage »Kann ich?« wird Sie wissen lassen, ob Sie die notwendige Befähigung besitzen.

»Darf ich?« hat mit der Erlaubnis zu tun. Dies mag jetzt noch nicht sehr bedeutsam scheinen, aber es gibt einige Dinge, mit denen fortgeschrittene Radiästheten zu tun bekommen, die den Anfänger in alle möglichen Schwierigkeiten bringen können. Das Spielen mit dem Okkulten oder der Gebrauch des Pendels, um Antworten auf unerklärte Phänomene zu erhalten, sind einige der Dinge, mit denen erfahrene, kompetente Pendler umgehen können, die aber den Anfänger in die Irre führen können. Es ist klug, um Erlaubnis zu ersuchen, bevor man sich auf diese Art von Befragungen einläßt.

Es könnte auch karmische Zusammenhänge geben. Karma handelt vom Auswiegen der guten gegenüber den schlechten Taten, und mit Lektionen, die daraus zu lernen sind. Sie könnten sich versucht fühlen, die Lottozahlen zu erpendeln oder die Sieger im Pferderennen, aber der Einsatz Ihrer mutend-intuitiven Fähigkeiten zur Maximierung irgendeines Vorteils auf der materiellen Ebene könnte einen schädlichen Effekt haben, »karmisch«, auf anderen Ebenen. »Darf ich?« kann helfen, Sie davon abzuhalten, in Gebiete abzuschweifen, die nicht von positivem Nutzen für Sie wären.

Wer aber gibt Ihnen die Erlaubnis, wenn Sie fragen »Darf ich?« Es gibt mehrere mögliche Antworten auf diese Frage, und alle sind ungefähr so dürftig wie die Antwort auf die Frage: »Woher kommen die Antworten beim Pendeln?« Ich persönlich habe das Gefühl, daß wir einen geistigen Führer haben, der uns beobachtet, etwas Ähnliches wie das höhere Selbst (absolut vertrauenswürdige Vater/Mutter) bei den Huna, einem spirituellen Weg der Hawaiianer, oder vielleicht Jungs Begriff des Selbst. Auf jeden Fall scheint es, daß »da draußen« eine höher entwickelte Macht existiert, die auf uns achtgibt. Die Frage »Darf ich?« gibt jener Macht oder Kraft die Chance, direkt zu uns zu sprechen, um uns zu helfen, einen vernünftigen Kurs beizubehalten.

Um Erlaubnis zu fragen, ist eine wesentliche Vorbedingung, wenn wir ein Pendel beim Heilen verwenden – ein weiteres Gebiet, auf dem sich das Muten als ein wichtiges Instrument erweist. Nichts ist irritierender oder lästiger, als zu einer Pendelveranstaltung zu gehen und zu erleben, wie jemand auf einen zustürzt und anfängt, einem die Aura auszupendeln oder mitzuteilen, was einem fehlt, bevor er sich erkundigt, ob einem das überhaupt recht ist. Diese psychische Invasion in die Privatsphäre des anderen ist nicht das Richtige. Solche Menschen haben etwas Neues kennengelernt, und nun brennen sie darauf, anderen zu zeigen, wieviel sie wissen – was mit intuitiv-wissendem Gespür freilich nichts zu tun hat. Die Erlaubnis ist also wichtig.

Damit haben wir also: »Dies ist, was ich tun will. Kann ich? Darf ich?« Die letzte Frage zur Einstimmung heißt: »Bin ich bereit?« Habe ich alles getan, was notwendig ist, um eine geeignete Antwort zu erhalten? Gibt es noch etwas, das ich tun muß, um mich vorzubereiten? An diesem Punkt – angenommen, Sie haben bisher positive Antworten bekommen – stellen Sie diese Frage tatsächlich.

Aber was ist, wenn Sie ein *Nein* auf eine dieser Fragen bekommen? Die Antwort ist einfach. Wenn Sie dieser Sache trauen und ein *Nein* erhalten, aber trotzdem weiterpendeln, dann können Sie sich auf die Antwort nicht verlassen. Sie müssen also an den Anfang zurückgehen. Warten Sie ein oder zwei Minuten, und versuchen Sie, die Frage, leicht abgeändert, erneut zu stellen. Wenn Sie immer noch ein *Nein* auf eine der drei einleitenden Fragen erhalten, versuchen Sie, eine ganz andere Frage über ein anderes Thema zu stellen. Gehen Sie dann später zu der ursprünglichen Frage zurück.

Um für sich selbst zu denken, müssen Sie zuerst fähig sein, anderen zuzuhören, und sich dann über die Gültigkeit dessen, was Sie gehört haben, eine eigene Meinung zu bilden. Das ist ein wahrlich gnostisches Konzept. Ich bin offen für das, was du zu sagen hast, aber letztlich werde ich mir selbst eine Meinung bilden. Das ist eine der Methoden, die auch ich empfehle: Benutzen Sie Ihr Pendel, während Sie dieses Buch lesen.

Wir wollen eine Übung versuchen. Bestimmen Sie selbst die Wichtigkeit dieser Vorbereitungsschritte. Die Frage lautet also: »Sind Sigs vier Einstimmungsschritte für mich an diesem Punkt nützlich?«

Halten Sie Ihr Pendel in der Suchposition.

Sagen Sie, daß Sie eine Frage über diese vier Schritte stellen wollen: »Dies ist, was ich tun will. Ich will herausfinden, ob diese vier Schritte für mich jetzt nützlich sind.«

»Kann ich?« Habe ich genügend Pendelfähigkeit, um dies zu tun?

»Darf ich?« Habe ich die Erlaubnis? Wie gesagt, hier vielleicht eine irrelevante Frage, aber sie ist ein Teil des Prozesses.

»Bin ich bereit?«

(Angenommen, daß Sie jedesmal ein Ja erhielten:) »Sind Sigs vier Einstimmungsschritte für mich an diesem Punkt nützlich?«

Was also ist Ihre Antwort? Ich nehme an, daß die meisten Leser bei jeder Frage ein *Ja* erhielten. Viele Pendler auf der ganzen Welt haben ihren Vorbereitungsprozeß, der diesem ähnlich ist. Wenn Sie aus irgendeinem Grunde bei der Übung irgendwo ein *Nein* erhielten, dann versuchen Sie es wieder, wenn Sie in diesem Buch weitergekommen sind. Denken Sie daran, daß die Fragen immer den Zusatz erhalten »an diesem Punkt«. Vielleicht brauchen Sie in diesem Augenblick den Einstimmungsprozeß nicht.

DIE DREI-MÜNZEN-ÜBUNG

Nun kommen wir zu den ersten, echten Pendelübungen. Sie brauchen dazu drei Münzen – zwei von dem gleichen Nennwert (und möglichst auch gleiches Prägejahr und -stätte), und eine dritte Münze anderen Wertes.

Legen Sie die beiden gleichen Münzen ungefähr eine Handbreit auseinander, und halten Sie das Pendel in Ihrer Suchposition *in der Mitte zwischen den beiden Münzen. Beginnen Sie nun bewußt, Ihr Pendel zwischen den beiden Münzen vor- und rückwärts zu schwenken. Beginnen Sie mit einer leichten Schwingung, und beobachten Sie, wie diese sich aufbaut, bis das Pendel weiter und weiter ausschlägt. Es ist fast, als ob die Spitze des Pendels versuchte, zu jeder Münze zu gelangen. Sie können die Ähnlichkeit der beiden Münzen fühlen,*

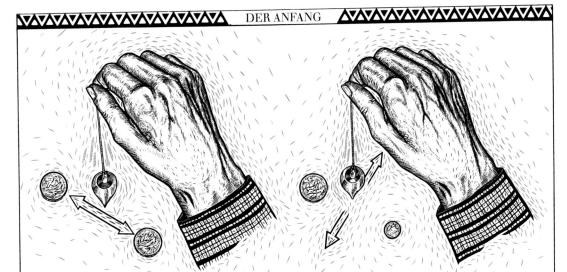

Achten Sie darauf, wie Ihr Pendel zu den beiden gleichen Münzen mit gleicher Kraft gezogen wird (links). *Bei unterschiedlichen Münzen* (rechts) *wird das Pendel zurückgestoßen und schwingt in der Mitte zwischen den beiden Geldstücken.*

und Sie können die Anziehungskraft zwischen dem Pendel und jeder der Münzen spüren.

Nun legen Sie eine andere Münze an die Stelle der einen gleichen Münze. Statt eines offensichtlichen Zuges zu den beiden Münzen wird das Pendel nun entweder eine Kreisbewegung vollziehen (gleich in welche Richtung), oder zwischen den beiden Münzen seitlich schwingen, vielleicht auch eine andere Bewegung machen, aber es wird nicht den gleichen Zug, die Anziehungskraft geben, die vorher zwischen den beiden gleichen Münzen bestanden hatte.

Experimentieren Sie mit dieser Reaktion ein wenig. Verschieben Sie die Münzen auf der Tischplatte zu unterschiedlichen Anordnungen. Wie reagiert Ihr Pendel, wenn Sie drei gleiche Münzen in einem Dreieck legen – jedes Geldstück eine Handbreit von den beiden anderen entfernt?

Vielleicht möchten Sie diese Übung auch mit drei Münzen des gleichen Nennwerts machen, von denen nur zwei aus dem gleichen Prägejahr stammen. Legen Sie sie alle auf den Tisch, mit der Jahreszahl nach unten, und mischen Sie sie. Dann nehmen Sie zwei der Geldstücke, ohne auf die Jahreszahl zu blicken und pendeln Sie, ob sie gleich oder verschieden sind.

Das Münzenwurf-Experiment

Bei dieser Übung brauchen Sie einen Freund, der Ihnen hilft. Hier wird es tatsächlich ein wenig subversiv, denn es ist eine gute Methode, jemanden fürs Pendeln zu interessieren. Sie brauchen dazu eine Münze geeigneter Größe, Ihr Pendel, einen Bleistift oder Kugelschreiber, und ein Blatt Papier, um Ihre Ergebnisse aufzuzeichnen.

Sagen Sie sich selbst, daß Sie pendeln wollen, um zu sehen, ob eine geworfene Münze auf Kopf- oder Zahlseite fällt. »Kann ich? Darf ich? Bin ich bereit?«

Legen Sie die Münze mit der Kopfseite nach oben auf den Tisch, und halten Sie Ihr Pendel darüber. Es wird von der Suchposition *zur Ja-Reaktion weitergehen. Drehen Sie nun die Münze um und sehen Sie zu, wie Ihr Pendel zu einer Nein-Reaktion weitergeht. (Diese Reaktionen könnten auch umgekehrt sein – das spielt keine Rolle.)*

Lassen Sie Ihren Freund die Münze werfen und Kopf oder Zahl aufs Papier schreiben. Während Sie die Antwort aufschreiben, fragen Sie Ihr Pendel, ob es Kopf oder Zahl ist. Bei »Kopf« wird Ihr Pendel die Ja-Reaktion zeigen; bei »Zahl« die Nein-Reaktion. Rufen Sie die erpendelte Antwort Ihrem Helfer zu, der Ihr Ergebnis ebenfalls aufschreiben wird. Tun Sie dies zehnmal nacheinander. Bitten Sie Ihren Freund, bis zum Ende nicht zu sagen, wie Sie liegen.

Wie haben Sie abgeschnitten? Sie hatten eine 50:50-Chance, jedesmal recht zu haben. Wenn am Pendeln also überhaupt nichts ist, dann haben Sie aller Wahrscheinlichkeit nach fünf richtige und fünf falsche Ergebnisse erzielt. Wenn Sie mehr als fünf richtige hatten: hurra! Wenn Sie weniger als fünf Treffer hatten, dann ist dies statistisch auch von Bedeutung.

Im Grunde geht es uns hier um Fehler. Pendler – besonders Anfänger – machen viele Fehler. Es ist wie beim Fahrradfahren. Keinem ist es je gelungen, das Fahren zu lernen, ohne vom Rad zu fallen. Das gehört einfach dazu. Das Wichtige für den Fahrer ist, gleich wieder aufzusteigen und es noch einmal zu versuchen. Eine der besten Definitionen des menschlichen Wesens ist, daß wir unvollkommen sind. (Wenn wir wüßten, daß wir vollkommen sind, wären wir nicht hier auf diesem Planeten.) Auf lange Sicht also glaube ich, daß kein Pendler je hundertprozentig korrekt sein wird.

Wenn Sie also beim Münzenwurf-Experiment nicht so erfolgreich waren – versuchen Sie es noch einmal. Doch diesesmal gehen Sie ein wenig langsamer vor. Nehmen Sie sich Zeit. Eine erfolgreiche Pendeltechnik zu erlangen, braucht – wie jede andere Fertigkeit – einige Zeit. Halten Sie durch!

Der Einfluss der Emotion

Nicht jeder Pendler ist auf allen Gebieten gleich gut. Nur weil Sie ein guter Pendler auf dem Gebiet der Gesundheit sind, heißt das nicht unbedingt, daß Sie auch ein guter Wassersucher sind. Gesundheit auszupendeln und nach Wasser zu suchen sind unterschiedliche Begabungen. Vielleicht ist also die Münzenwurfübung nicht das Richtige für Sie. Aber was können Sie tun, um Ihre Chancen zu verbessern? Es gibt zwei Dinge, die Sie versuchen können. Zunächst, wenn noch nicht allzuviel Emotionales in das Ergebnis eines Münzenwurfs mitspielt, »verlieren« viele Pendler in der kurzen Zeit zwischen der Frage und der Antwort des Pendelns. Mit »verlieren« meine ich, daß manche Pendler ihre Konzentration an diesem Punkt verlieren und an die Antwort denken oder sie zu erraten versuchen. Wenn Sie das tun, können Sie sich auf die Antwort nicht mehr verlassen. Werfen Sie die Münze also von neuem.

Vielleicht kann ein anderes Beispiel diesen Punkt deutlicher demonstrieren. Angenommen, Ihr Bruder ist sehr krank, und Sie haben den Verdacht, er könnte Krebs haben. Sie erbitten seine Erlaubnis, über ihn zu pendeln, und gehen durch die vorbereitenden Fragen: »Dies ist, was ich tun will. Kann ich, darf ich, bin ich bereit?« Dann kommt die schicksalhafte Frage: »Hat mein Bruder Krebs?«

Natürlich wollen Sie, daß die Antwort *Nein* lautet. Vielleicht sagen Sie, während Sie auf die Antwort an dem entscheidenden Punkt warten, unterbewußt zu sich selbst: »Ich hoffe, die Antwort ist *Nein*; lieber Gott, laß die Antwort *Nein* heißen.«

Ich garantiere Ihnen, daß in einer solchen Situation die Antwort tatsächlich *Nein* lauten wird. Die Antworten beim Muten kommen durch unser Unbewußtes, und unser Unbewußtes ist so darauf bedacht, uns zu gefallen, daß es uns jede Antwort geben wird, die wir wohl hören wollen.

Wenn es jemanden betrifft, den Sie kennen und lieben, dann ist jede Form der Divination immer schwierig. Ich lege Tarotkarten und habe festgestellt, daß es immer einfacher ist, die Karten für einen völlig Fremden zu legen.

Die Problematik ist hier, daß Sie in Wirklichkeit die Wahrheit wollen. Wenn Sie fragen: »Hat mein Bruder Krebs?«, wollten Sie, nehme ich an, die Wahrheit erfahren. Wie aber können Sie Ihr emotionales Bedürfnis nach einer bestimmten Antwort von der tatsächlichen Antwort trennen? Wenn Sie die Frage gestellt haben, müssen Sie Ihre linke Gehirnhälfte mit all Ihren Gedanken und Bedürfnissen abschalten, die an diesem Punkt nichts weiter erzeugen als Verwirrung. Versuchen Sie, eine Haltung kindlich-unschuldiger Erwartung einzunehmen, und sagen Sie zu sich: »Ich frage mich, was die Antwort wohl sein wird; ich frage mich, was die Antwort wohl sein wird.« Sagen Sie das wieder und wieder, bis Ihr Pendel eine Reaktion zeigt. Während Sie sich fragen, was die Antwort wohl sein wird, haben Sie keine Zeit, Ihrem Unbewußten anzudeuten, welche bestimmte Antwort Sie wollen. Es ist sehr leicht, das Pendel mit Ihren eigenen subjektiven Wünschen nach einer bestimmten Antwort zu beeinflussen.

Offenkundig werden Sie bei der Münzenwurf-Übung nicht so emotional beteiligt sein wie bei der Frage, ob Ihr Bruder Krebs hat, aber nachdem Sie bei den letzten vier Würfen »Kopf« gependelt hatten, sagt Ihnen Ihr linkes Gehirn vielleicht: »Dann ist jetzt Zahl an der Reihe.«

Jeder Münzenwurf hatte eine 50:50-Chance, die Kopfseite zu zeigen. Eine kleine Stimme führt Sie in die Irre. Es ist die gleiche Situation – Ihre Erwartung beeinflußt willkürlich das Ergebnis.

Wenn Sie feststellen, daß Sie solche Gedanken hegen, dann versuchen Sie, Ihren Freund die Münze werfen zu lassen, und während Sie es erpendeln, sagen Sie bei sich: »Ich frage mich, was die Antwort wohl sein wird, ich frage mich, was die Antwort wohl sein wird.«

Eine andere Methode, die Genauigkeit Ihrer Antwort zu verbessern – Kopf oder Zahl – ist sich zu fragen: »Ist das die Wahrheit?« Natürlich wollen Sie die korrekte Antwort auf diese Frage wissen. Ich finde, daß wenn ich die Frage stelle, es leicht ist, alle Gedanken von außen aus meinem Kopf zu halten und konzentriert zu bleiben. Wenn Sie also ein *Ja* auf Ihre usprüngliche Frage erhalten haben und ein *Nein* auf »Ist dies die Wahrheit?«, dann ist die Antwort auf die erste Frage ebenfalls *Nein*.

DER ANFANG

Um es zusammenfassend zu wiederholen, ist hier der Pendelprozeß, den ich Ihnen empfehle, wenn Sie Ja/Nein-Fragen mit Hilfe des Pendel beantworten möchten:

1. FormulierenSieinGedankenIhreFrageunddenkenSiedaran,daßIhre Fragen – woher auch immer die Antworten kommen mögen – ganz wörtlich genommen werden. Wenn Sie soweit sind, nehmen Sie Ihr Pendel hervor.
2. Dies ist, was ich tun will.
3. Kann ich?
4. Darf ich?
5. Bin ich bereit?
6. Stellen Sie die Frage.
7. Ich frage mich, was die Antwort wohl sein wird. Ich frage mich, was die Antwort wohl sein wird.
8. Die Antwort.
9. Ist dies die Wahrheit?
10. Zurück zu Schritt 6. (Sie sollten jede Pendelbefragung mit den Schritten 1–5 einleiten, aber Sie brauchen diese Schritte nicht vor jeder einzelnen Frage zu wiederholen.)

Die Anwendung dieses Prozesses wird die Wahrscheinlichkeit steigern, eine brauchbare, »korrekte« Antwort zu erhalten. Ein guter Pendler verbringt viel Zeit damit, darauf zu achten, daß die richtige Frage formuliert wird, bevor er fortfährt, sich einzustimmen und die Resultate zu überprüfen.

DIE EINPENDELTECHNIK

Eine weitere Technik des Pendelns ist das Einpendeln. Dabei verfolgen Sie die Richtung des weitesten Pendelausschlages von Ihnen weg. Angenommen, Sie haben sich im Wald verlaufen, und Ihr Hauptproblem ist nun, zum Auto zurückzufinden. Sie bitten Ihr Pendel, die *Suchposition* einzunehmen und formulieren Ihre Frage: »Ich will die Richtung meines Wagens wissen. Kann ich? Darf ich? Bin ich bereit?« Nun gehen Sie noch einmal in die *Suchposition*. Wenn Sie diese haben, wird Ihr Pendel anfangen, rückwärts und vorwärts zu schwingen. Achten Sie auf das Ende des Ausschlages, der von Ihnen weg gerichtet ist. Er ist die entscheidende Spitze.

Im Laufe von fünfzehn bis zwanzig Pendelausschlägen kann diese Ausschlagspitze Sie auch in einem Kreise herum führen. Wenn Ihre *Suchposition* ein Vor- und Rückwärtsschwingen ist, achten Sie abermals auf die Spitze, das Ende des Ausschlages, das ursprünglich von Ihnen weg geht (das »Vorwärts« vom Vor- und Rückwärts). Wenn Sie nicht direkt in Richtung auf Ihr Auto stehen, wird das Pendel vor- und zurückschwingen, und seine Schwingungsachse wird sich im Uhrzeigersinne oder im Gegenuhrzeigersinn zu bewegen beginnen. Wenn sie sich eingependelt hat und zum Stillstand kommt – und das Pendel einfach vor- und rückwärts schwingt –, zeigt es die Richtung Ihres Fahrzeuges. Wenn Ihr Auto zufällig hinter Ihnen steht, wird die Schwingungsachse weiter im Kreise wandern (über 90° hinaus), bis sie in die Richtung des

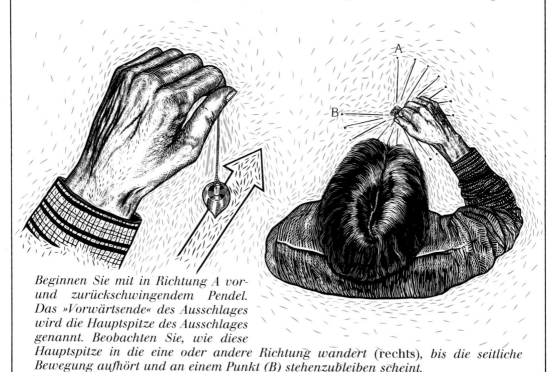

Beginnen Sie mit in Richtung A vor- und zurückschwingendem Pendel. Das »Vorwärtsende« des Ausschlages wird die Hauptspitze des Ausschlages genannt. Beobachten Sie, wie diese Hauptspitze in die eine oder andere Richtung wandert (rechts), bis die seitliche Bewegung aufhört und an einem Punkt (B) stehenzubleiben scheint.

Wagens deutet. (Wenn Ihre *Suchposition* ruhig ist, und wenn das Ziel hinter Ihnen ist, wird Ihr Pendel anfangen zu schwingen und sich dann in die eine oder andere Richtung im Kreise herum einpendeln, bis es auf das Ziel zeigt.)

Triangulation

Der Pendler setzt die Methode der Triangulation ein, um die Position eines Gegenstandes festzustellen. Das Einpendeln zusammen mit der Triangulation spart sehr viel Zeit.

Bitten Sie einen Freund, einen Gegenstand – z. B. einen Bleistift – im Raum zu verstecken. »Wo ist der Bleistift?« (Wie Sie merken, ist das »Kann ich? Darf ich? Bin ich bereit?« an dieser Stelle nicht nötig, weil Sie das für diese Pendelsitzung bereits gefragt hatten. Ich gehe davon aus, daß Sie nach der Steckdosenübung weitergearbeitet haben.) Dem Pendelausschlag folgend, finden Sie die Richtung, und ziehen Sie eine imaginäre Linie von sich selbst in die Richtung, in die die Spitze Ihres Pendelausschlages weist. Jetzt wissen Sie also, daß der Bleistift irgendwo in dieser Richtung liegt – aber wo genau?

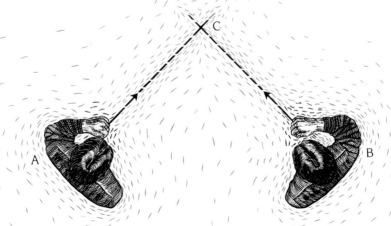

Von Punkt A fragen Sie, wo das Ziel ist. Beobachten Sie die Richtung des Pendelausschlags und ziehen Sie eine imaginäre Linie in diese Richtung. Gehen Sie zu Punkt B und wiederholen Sie die Prozedur. Das Ziel ist dort, wo die Linien sich in Punkt C kreuzen.

DAS PENDEL-SET

Nun gehen Sie an eine andere Stelle im Zimmer, weit entfernt von der bisherigen, und stellen Sie die gleiche Frage: »In welcher Richtung ist jetzt der Bleistift, den mein Freund versteckt hat?« Ziehen Sie die Linie, und wo sie die erste imaginäre Linie schneidet, sollten Sie nun den Bleistift finden. Dies nennt man Triangulation. Diese Technik funktioniert sogar noch besser, wenn Sie das Ziel von drei verschiedenen Orten aus anpeilen. Die Triangulation (lat. tri = drei, angulus = Ecke, Winkel) spart sehr viel Zeit und wird von vielen geübten Pendlern verwendet.

An einem bestimmten Punkt werden Sie dies auch an einem Ort versuchen wollen, der Ihnen nicht so vertraut ist, z. B. in der Wohnung eines Freundes. Jeder hat eine Kehrschaufel mit Besen in seinem Haushalt, aber wo werden diese Gegenstände aufbewahrt? Bei manchen findet man sie im Wandschrank in der Küche, bei anderen im Besenschrank beim Hauseingang. Man kann es nie ganz genau wissen. Versuchen Sie einen Freund auszuwählen, der dem Pendeln nicht negativ oder argwöhnisch gegenüber eingestellt ist. Starke Skepsis ist keine nützliche Umgebung, in der man die ersten Pendelübungen macht – heben Sie sich die Skeptiker für später auf. Werner Heisenberg, ein deutscher Physiker und Philosoph, erhielt den Nobelpreis für Physik im Jahre 1932 für seinen Beitrag zu Quantenmechanik. Aus seinem Werk stammt die berühmte Heisenbergsche Unschärferelation, in der er zeigte, daß der Beobachter ein Teil des Prozesses ist, und die Ergebnisse eines Experiments beeinflussen kann. »Interaktiv« war das Wort, das er gebrauchte, um diese Beziehung zwischen Beobachter und Beobachtetem zu beschreiben. Heisenberg hat gezeigt, daß es so etwas wie einen total objektiven Beobachter nicht gibt, der völlig losgelöst vom Gegenstand der Beobachtung wäre. Wählen Sie Ihren Freund deshalb mit einiger Sorgfalt aus. Sehen Sie sich nach jemandem um, der Verständnis für Ihre Pendelbemühungen zeigt und nicht skeptisch oder, schlimmer noch, feindselig ist. Als Beobachter Ihres Mutens ist Ihr Freund Teil des Pendelprozesses, mit dem Sie zu tun haben. Fragen Sie Ihr Pendel.

Gehen Sie in das Wohnzimmer Ihres Freundes und nehmen Sie sich etwas Zeit, Ihre Absicht zu erklären. Sprechen Sie über das Pendeln und den Fortschritt, den Sie dabei machen. Ziehen Sie Ihr Pendel hervor und nehmen Sie sich einen Augenblick Zeit, um sich zu sammeln für das, was Sie in Angriff nehmen möchten. Denken Sie daran: Das ist kein Partyspiel, sondern Sie tun es, um Ihre Pendelfähigkeit zu üben. Bringen Sie Ihr Pendel in die Suchposition. »Ich will Kehrschaufel und Handfeger in dieser Wohnung finden. Kann ich? Darf ich? Bin ich bereit?« Alle Fragen werden mit Ja beantwortet, also: »Ich will die Richtung des nächsten Kehrbesens mit Schaufel in dieser Wohnung wissen.« (Es könnte mehr als ein Kehrblech mit Besen im Hause geben.)

Wenn das Pendel anfängt, vor- und zurückzuschwingen, beobachten Sie die Spitze des Pendelausschlages. Wenn sie anhält, fragen Sie: »Ist dies die Wahrheit?« Wenn ja, dann triangulieren Sie jene Linie, indem Sie an eine andere Stelle im Zimmer gehen und von neuem pendeln. Unter Umständen werden Sie mehrere Male triangulieren und der Hauptspitze folgen müssen, um ein genaues Gespür dafür zu erhalten, wo die gesuchten Gegenstände sind, aber Sie werden überrascht sein – Ihr Freund auch –, wenn Sie schließlich direkt auf sie zugehen.

Es ist gewiß aufregend, wenn Übungen wie diese so gut klappen, und ich vertraue darauf, daß sie bei Ihnen funktionieren. Falls jedoch nicht, dann denken Sie daran: Wir sind immer noch am Anfang. Halten Sie durch, und praktizieren Sie weiter die Übungen.

Der Prozeß des Einstimmens ist für Pendler sehr wichtig. Die zehn Schritte, die beginnen mit »Dies ist, was ich tun will«, und enden mit »Ist dies die Wahrheit?«, können sehr hilfreich sein. Das Pendel kann deutlich die Richtung zeigen, wenn man die Einpendelmethode verwendet, und Sie müssen diese Technik lernen, um mit den Diagrammen etwas anfangen zu können, die im nächsten Kapitel behandelt werden.

Denken Sie daran, die Grundübungen *Suchposition, Ja, Nein, Vielleicht/ falsche Frage* mindestens eine Woche lang mehrmals täglich durchzuarbeiten. *Bitte* tun Sie es auch jetzt, bevor Sie zum nächsten Kapitel weitergehen.

Pendeldiagramme

Ich gehe jetzt davon aus, daß die vier elementaren Pendelbewegungen *Suchposition, Ja, Nein,* und *Vielleicht/falsche Frage* gut funktionieren.

Die Einpendeltechnik öffnet Ihnen wichtige neue Wege in der Arbeit mit dem Pendel. Abgesehen von der Möglichkeit, die Richtung eines gesuchten Gegenstands zu ermitteln, ist diese Technik auch entscheidend bei der Arbeit mit den Diagrammen oder Fächern, die in diesem Buch abgedruckt sind. Die Diagramme werden Fächer genannt, weil sie wie die orientalischen Papierfächer in Sektoren eingeteilt sind.

In diesem Kapitel nun werden wir neunzehn solcher Fächer betrachten. Sie werden von einem recht einfachen *Ja/Nein/Vielleicht*-Fächer über ein genaues Null-bis-hundert-Diagramm bis zu einer Pendelübung über dem Weltkartendiagramm führen, bei der Sie bekannte Erdölvorkommen muten werden. Ferner folgen fünfzehn Diagramme, die Ihnen helfen können, anhand astrologischen Wissens Probleme und Gelegenheiten in Ihrem Leben auszupendeln. Das letzte Diagramm bietet Ihnen in Verbindung mit dem Null-bis-hundert-Diagramm eine ungewöhnliche Methode der Wettervorhersage.

Das Ja-/Nein-/Vielleicht-Diagramm

Um mit diesem Diagramm zu arbeiten, halten Sie Ihr Pendel über den Punkt, an dem alle drei Optionen unten in der Mitte des Fächers zusammenkommen. Dieser Punkt wird Angelpunkt genannt. Wenn Sie bereit sind, stellen Sie eine beliebige Frage, die mit Ja, Nein *oder* Vielleicht *beantwortet werden kann. Wenn Sie eine ruhige* Suchposition *haben, wird Ihr Pendel nach der Fragestellung wie von selbst anfangen, grob in die Richtung der Antwort zu schwingen. Während das Pendel an Schwung gewinnt, wird es sich auf die exakte Antwort einpendeln und dort schließlich »stehenbleiben«.*

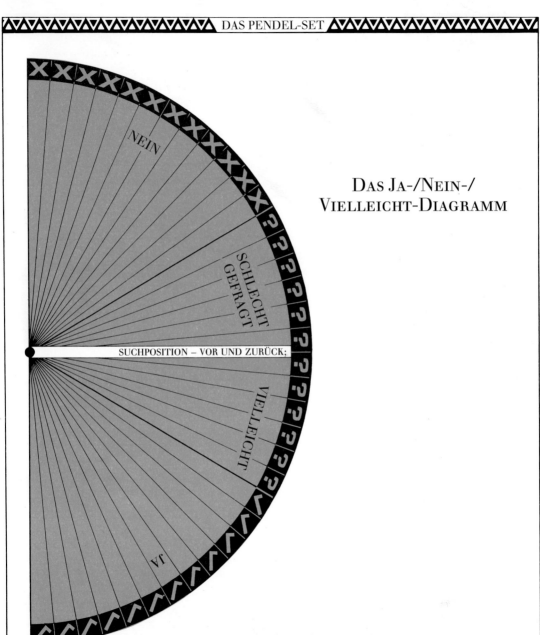

PENDELDIAGRAMME

Wenn Sie eine *Vor-und-zurück*-Suchposition *haben, halten Sie Daumen und Zeigefinger direkt über den Angelpunkt des Fächers, und beginnen Sie das Pendel etwa in der Mitte des Diagramms zu schwingen. Die Ausschlagrichtung wird wie von selbst anfangen, sich in die eine oder andere Richtung zu bewegen. Während der Zeit von der Fragestellung bis zur Antwort sollten Sie zu sich selbst sagen: »Ich frage mich, was die Antwort wohl sein wird. Ich frage mich, was die Antwort wohl sein wird«, so daß Ihr subjektiver Wunsch, daß die Antwort, sagen*

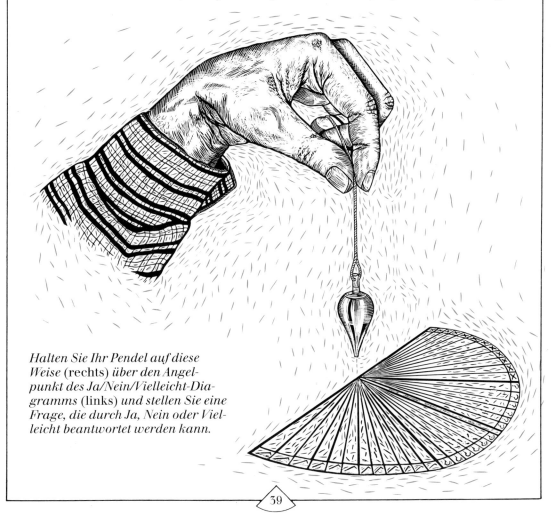

Halten Sie Ihr Pendel auf diese Weise (rechts) über den Angelpunkt des Ja/Nein/Vielleicht-Diagramms (links) und stellen Sie eine Frage, die durch Ja, Nein oder Vielleicht beantwortet werden kann.

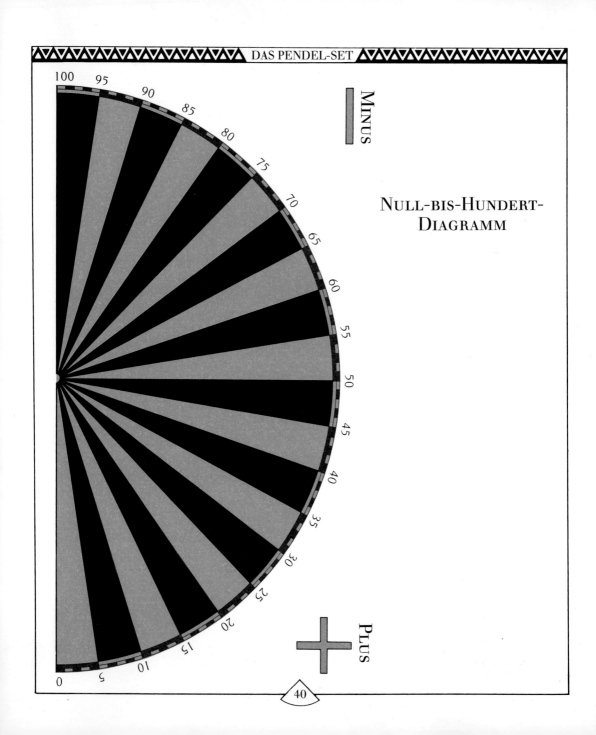

wir, gleich links von dem Ausgangspunkt des Pendels läge, sich nicht einschleichen kann, um die Richtung zu beeinflussen. Es ist so leicht, das Pendel zu beeinflussen.

Dann fragen Sie: »Ist dies die Wahrheit?« Überprüfen Sie es noch einmal.

Halten Sie Ihr Pendel über den Angelpunkt, wo die drei Möglichkeiten zusammenkommen. Versuchen Sie die folgende Frage: »Wird dieses Diagramm bei mir funktionieren?« Denken Sie daran, alle Schritte zu tun, angefangen bei »Dies ist, was ich tun will«, bis hin zu »Ist das die Wahrheit«. Beobachten Sie die Pendelachse. Ich denke, daß alle Anfänger bei dieser Übung ein Ja bekommen sollten, aber probieren Sie sie trotzdem aus – der Übung halber.

Sie können dieses Diagramm anstelle der *Ja/Nein/Vielleicht*-Übung verwenden, die ich Ihnen vorher gezeigt habe – oder, noch besser, verwenden Sie beide. Die *Ja/Nein*-Technik ist sehr nützlich, wenn Sie pendeln, um eine spezifische Antwort zu bestimmen oder um es als letzte Prüfung zu verwenden, wenn Sie bereits eine andere radiästhetische Technik eingesetzt hatten. Wir werden noch zahlreiche weitere Verwendungsmöglichkeiten für dieses Diagramm entdecken.

Das Null-bis-hundert-Diagramm

Ein weiterer hilfreicher Fächer ist das Null-bis-hundert-Diagramm. Wenn Sie es betrachten, werden Sie bemerken, daß die Zahlen von rechts nach links eingetragen sind. Sie beginnen mit Null in der rechten Ecke, steigen im Gegenuhrzeigersinn um den Fächer bis 50 am Höhepunkt, und auf der linken Seite des Bogens gehen sie weiter bis hundert in der linken unteren Ecke. Die Zahlen laufen in der »falschen« Richtung. Dies wurde so beabsichtigt. Der Texaner José Silva, der die Silva-Mind-Control begründete, lehrt seit vielen Jahren, wie man andere Ebenen des Bewußtseins erreichen kann. Seine Untersuchungen haben ergeben, daß die Aufnahme von Informationen durch Bewegen der Augen von links nach rechts (wie Sie es tun, während Sie z. B. diesen Satz lesen), dazu neigt, Sie auf Ihr linkes Gehirn zu konzentrieren, zum vorwiegend analytischen Modus. Die Silva-Mind-Methode lehrt dagegen, daß das bewußte Bewegen der Augen in die andere Richtung, von rechts nach links, Ihnen eher hilft, Zugang zu Ihrem rechten Gehirn zu erlangen, zum vorwiegend intuitiven Modus. Das Null-bis-hundert-Diagramm ist deshalb so gestaltet, um Ihnen die optimale Nutzung der Kraft Ihrer Intuition zu ermöglichen, falls Sie sich diesen Aspekt Ihres Wesens zunutze machen möchten. Sie haben alle objektiven, rationalen Fragen gestellt, und nun brauchen Sie eine Verlagerung auf Ihre Intuition, um die Antwort zu erhalten.

Das Null-bis-hundert-Diagramm kann auf viele verschiedene Weisen verwendet werden. Sie können es zum Beispiel in bezug auf Bücher gebrauchen. Angenommen, Sie finden ein Buch über griechische Mythologie. Nehmen Sie Ihr Pendel hervor, und nach den vorbereitenden Schritten können Sie folgendes fragen: »Wenn das schlechteste Buch über griechische Mythologie Null ist, das beste dagegen Hundert – welcher Zahl entspricht dann dieses Buch hier?« Wenn es über 80 liegt, ist es vermutlich wert, daß man es liest. Wenn es über 92 oder 93 ist, dann legen Sie das Buch nicht mehr aus der Hand, bei mehr als 95 sollten Sie sofort mit der Lektüre beginnen.

Bei einer weiteren Verwendungsmöglichkeit der Null-bis-hundert-Skala geht es um die Persönlichkeit. Angenommen, der größte Versager der Welt ist Null, und Ihre Traumpersönlichkeit ist hundert. Bauen Sie nun Ihr eigenes Persönlichkeitseinschätzungssystem auf, mit berühmten Leuten oder Ihren Freunden. Es kann recht entlarvend sein.

Es wird im weiteren Verlauf dieses Buches noch mehr Einsatzmöglichkeiten für das Null-bis-hundert-Diagramm geben. Wir werden es verwenden, um die Temperatur zu ermitteln. Wir werden uns auch mit anderen Bewertungssystemen befassen, bei denen das Schlechteste »null«, das Beste »hundert« ist. Das Null-bis-hundert-Diagramm könnte sich als eines der nützlichsten aller Diagramme in diesem Buch erweisen.

Das Weltkartendiagramm

Ich gehe davon aus, daß Sie mittlerweile gemerkt haben, daß es nicht notwendig ist, die Hand über einen Gegenstand zu halten, um ihn auszupendeln. Wir haben bereits viele Pendelübungen durchgeführt, bei denen kein physisches Ziel existierte, und Antworten auf Ja/Nein-Fragen erhalten. Wo ist

PENDELDIAGRAMME

das physische Ziel bei solchen Fragen? Darüber hinaus haben wir nach einem Kehrbesen samt Schaufel in der Wohnung eines anderen Menschen gependelt, ohne notwendigerweise im gleichen Zimmer gewesen zu sein wie die gesuchten Gegenstände. Sie brauchen nicht unbedingt in der Nähe des Ziels zu sein, um seine Lage auszupendeln.

Als ich Mitte der achtziger Jahre in Glastonbury, England, lebte, rief mich meine Mutter aus Vermont an, um mir mitzuteilen, daß ihr Müll- und Abfallsystem einer Reparatur bedürfe. Seit ihre Mutter es in den vierziger Jahren installiert hatte, war nichts daran gemacht worden, und nun wußte man nicht, wo der Behälter zu finden sei. Ich hatte ein Bild von dem Grundriß ihres Hauses in Erinnerung, und ich pendelte, daß der Faulbehälter von der hinteren Hausecke aus ungefähr 6 Meter nach Osten entfernt war. Eine Woche später rief sie mich an und meldete, daß ich die Stelle genau getroffen hatte. Die meisten fähigen Radiästheten können so etwas. Man nennt es Fernpendeln oder Landkartenpendeln. Versuchen wir es mit der folgenden Karte.

Auf den nächsten Seiten ist ein Weltkartendiagramm, mit dessen Hilfe Sie alle bekannten Erdölreserven mit Ihrem Pendel feststellen werden. Die genauen Stellen der Ölfelder sind am Ende des Buches (S. 122) angegeben. Der Zweck hier ist, daß Sie Ihre noch im Anfangsstadium begriffenen Pendelfähigkeiten testen und die Technik gebrauchen, die man Landkartenpendeln nennt. Wie Sie sehen, ist das Weltkartendiagramm durch ein Gitternetz unterteilt, das die Koordinaten 1–13 und A–Z trägt.

Versuchen wir die Triangulation (siehe Seite 33). Halten Sie Ihr Pendel über eine Ecke der Weltkarte. Nach den vorbereitenden Schritten fragen Sie: »Wo ist das dieser Ecke nächste bekannte Erdölvorkommen?« Merken Sie sich die imaginäre Linie, auf der dieses Ölvorkommen liegt. Gehen Sie zu einer der benachbarten Ecken und fragen Sie: »Wo liegt das gleiche Ölvorkommen, das ich eben gemutet habe?« Ziehen Sie die zweite Linie, und wo die beiden Linien aufeinandertreffen, notieren Sie sich die Koordinaten des betreffenden Kartenfeldes.

Am Ende des Buches können Sie rasch feststellen, ob Sie ein Ölvorkommen getroffen haben. Haben Sie nicht? Wenn Sie ein leeres Feld gefunden haben, dann versuchen Sie die gleiche Frage und Methode, aber beginnen Sie an einer anderen Ecke, und triangulieren Sie wieder von einer benachbarten Ecke aus. Wenn Sie eine andere Koordinate haben, dann fragen Sie nach der Ja/Nein/

Weltkarte
Wo sind die bekannten Erdölreserven?

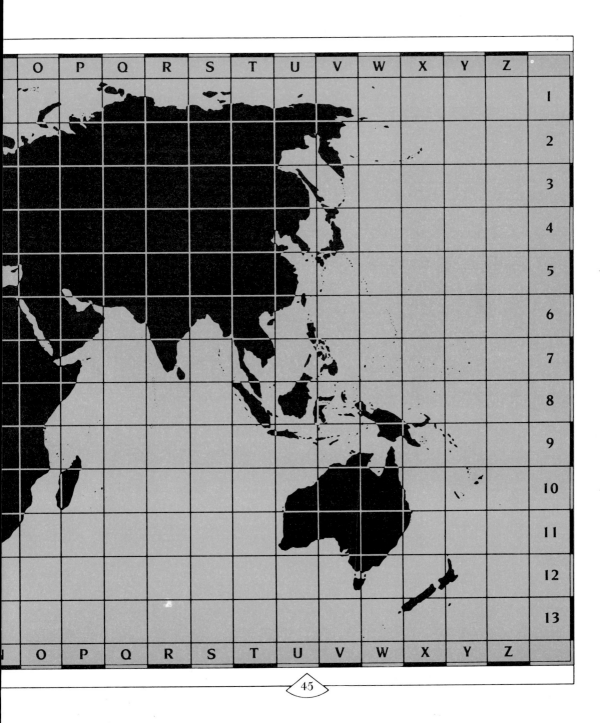

Vielleicht-*Reaktion: »Sind hier unterirdische Ölreserven?«* Wenn Sie ein Ja erhalten, überprüfen Sie Ihre Antwort am Ende des Buches. Wenn Sie ein Nein bekommen haben, prüfen Sie die Koordinaten der Quadrate, die dem von Ihnen ermittelten benachbart sind.

Versuchen Sie, andere bekannte Erdölvorkommen auf der Karte zu finden, indem Sie Ihre Fragen etwas umformulieren. Wie Sie sehen, sind die vertikalen Ränder von 1 bis 13 durchnumeriert, die horizontalen Ränder von A bis Z. Sagen Sie: »Ich suche nach einem bekannten Erdölvorkommen, das ich noch nicht erpendelt habe.« Nehmen Sie Ihr Pendel von der Weltkarte und arbeiten Sie mit den Ja/Nein/Vielleicht-*Reaktionen, während Sie mit dem Finger dem linken, senkrechten Rand der Karte entlang nach unten fahren. »Gibt es ein Erdölvorkommen in Reihe eins? Reihe zwei? Reihe drei?« Fahren Sie fort, bis Sie eine* Ja-*Reaktion erhalten. Nun fahren Sie mit Ihrer Hand am unteren Rand der Weltkarte entlang. »Ist es in Spalte A? Spalte B? Spalte C?« Fahren Sie mit dieser Methode fort, bis Sie wieder eine positive Reaktion erhalten. Ein Erdölvorkommen sollte im Kreuzungspunkt der Reihe und der Spalte liegen, die Sie ermittelt haben.*

Die Astrologie-Diagramme

Um uns von der materiellen Welt in die innere Welt des Selbst zu begeben, folgt hier eine Reihe von Diagrammen, die sich mit der Erkundung des inneren Ich mit Hilfe der Astrologie befassen. An diesem Punkt ist es wichtig festzustellen, daß Sie absolut keine astrologischen Kenntnisse zu besitzen brauchen, um diese Diagramme zu verwenden. Kennen Sie Ihr Sternzeichen? Mit Hilfe der folgenden Liste können Sie leicht feststellen, in welchem Sternzeichen die Sonne zur Zeit Ihrer Geburt stand:

Sternzeichen und Geburtsdaten

Widder ♈: Frühlings-Tagundnachtgleiche (21. März) bis 20. April (S. 50)

Stier ♉: 21. April bis 21. Mai (S. 51)

Zwillinge ♊: 22. Mai bis Sommersonnenwende (21. Juni) (S. 52)

Krebs ♋: Sommersonnenwende bis 23. Juli (S. 53)

PENDELDIAGRAMME

Löwe ♌: 24. Juli bis 23. August (S. 54)

Jungfrau ♍: 24. August bis Herbst-Tagundnachtgleiche (23. September) (S. 55)

Waage ♎: Herbst-Tagundnachtgleiche bis 23. Oktober (S. 56)

Skorpion ♏: 24. Oktober bis 22. November (S. 57)

Schütze ♐: 23. November bis Wintersonnenwende (21. Dezember) (S. 58)

Steinbock ♑: Wintersonnenwende bis 20. Januar (S. 59)

Wassermann ♒: 21. Januar bis 19. Februar (S. 60)

Fische ♓: 20. Februar bis Frühlings-Tagundnachtgleiche (21. März) (S. 61)

(Das Datum der Tagundnachtgleichen und der Sonnenwenden schwankt im Laufe der Jahre innerhalb von zwei bis drei Tagen).

Die ersten zwölf astrologischen Diagramme, die Sternzeichendiagramme, beginnen auf Seite 50. Bitte suchen Sie das Ihre.

Unter dem Sternzeichen selbst werden Sie einige Worte und Sätze finden, die typische Charakteristika dieses Zeichens beschreiben: welchen Teil des Körpers es regiert, und welches Element (Feuer, Erde, Luft oder Wasser) mit diesem Zeichen assoziiert wird.

Für jedes Sternzeichendiagramm gibt es vier Bereiche Ihres Lebens, die Sie erpendeln können. Dies sind Liebe, Glück, Gesundheit und Beruf. Nun folgen einige Vorschläge für Fragen, mit denen Sie vielleicht beginnen möchten, wenn Sie über Ihrem Sternzeichendiagramm pendeln:

1. Wie ist mein Liebesleben?
2. Was macht mich glücklich?
3. Auf welche Bereiche muß ich im Gesundheitlichen achtgeben?
4. Was wäre eine gute Karriere (oder Berufswechsel) für mich?

Nach Ihrer Vorbereitungsroutine (»Dies ist, was ich will. Kann ich? Darf ich? Bin ich bereit?«) gehen Sie zum Diagramm Ihres Sternzeichens. In der »Beruf« markierten Ecke stehen fünf Arten von Arbeit, in denen Menschen mit Ihrem Sternzeichen im allgemeinen gut sind. Halten Sie das Pendel über die untere rechte Ecke des Diagramms und fragen Sie: »Was wäre für mich genau jetzt eine gute berufliche Laufbahn (oder Veränderung)?« Pendeln Sie die Richtung nach der Einpendeltechnik. Sie beschreiten möglicherweise bereits den Berufsweg, den Sie erpendelt haben. Andererseits könnten Sie überrascht sein durch das Resultat, weil es etwas ist, von dem Sie intuitiv gewußt hatten, daß Sie es wollten, aber Sie hatten nie bewußt darüber nachgedacht.

Sie sehen, daß es auch einen Sektor des Fächers gibt, auf dem es heißt: »Gehen Sie zum Tierkreis«. Wenn Sie diese Antwort erhalten, dann gehen Sie zum Tierkreisdiagramm (Seite 62). Sie werden feststellen, daß dieses Rad die zwölf Zeichen des Tierkreises enthält. Während viele Leute mit ihrem Zeichen gut in den Betätigungsfeldern sind, die unter Ihrem Zeichen aufgelistet wurden, finden Sie Ihr eigenes offenbar in einem anderen Bereich.

Halten Sie Ihr Pendel über die Mitte des Tierkreisdiagramms. Fragen Sie sich: »Welches Zeichen des Tierkreises enthält den Berufsweg (Veränderung), der mir am meisten nützen würde?« Wenn Ihre Suchposition vor- und rückwärts ist, dann beginnen Sie damit über der Linie, die Schütze und Steinbock oben auf dem Diagramm voneinander trennt. Beobachten Sie die Richtung des Pendelausschlages, bis dieser nicht mehr weiter wandert und sich auf einem bestimmten Zeichen einpendelt. Wenn Ihre Suchposition ruhig ist, dann halten Sie das Pendel über die Mitte des Tierkreisdiagramms und sehen Sie zu, über welche beiden gegenüberstehenden Zeichen das Pendel schwingt. Deuten Sie auf eines der beiden Zeichen und fragen Sie mit Hilfe Ihrer Ja/Nein/Vielleicht-Reaktionen: »Ist es dieses?« Wenn nicht, versuchen Sie die gleiche Frage mit dem gegenüberliegenden Zeichen. Wenn Sie ein Ja erhalten, fragen Sie: »Ist das die Wahrheit?« Gehen Sie jetzt zum Bereich »Beruf« jenes Tierkreiszeichens, und pendeln Sie hier anstatt in Ihrem eigenen Sternzeichen.

Wenn Sie eine Antwort auf die Frage »Was wäre für mich genau jetzt eine gute berufliche Laufbahn (oder Veränderung)?« erhalten, fragen Sie Ihr Pendel: »Ist das die Wahrheit?« (Wenn die Antwort Nein ist, beginnen Sie von neuem.)

Wenn Ja, gehen Sie zur nächsten Kategorie. Pendeln Sie beispielsweise den Gesundheitsfächer aus und fragen Sie: »Auf welche Bereiche der Gesundheit sollte ich achtgeben?« Sie werden eine Antwort erhalten oder die Anweisung, zum Tierkreis zurückzugehen. Arbeiten Sie sich auf diese Weise um das Diagramm herum.

Jede Kategorie innerhalb eines Sternzeichendiagramms enthüllt charakteristische Reaktionen von Menschen, die jenem bestimmten Zeichen entsprechen. Manche davon erscheinen vielleicht nicht besonders angenehm, besonders im gesundheitlichen Bereich, aber achten Sie auf das, was Ihre intuitive Seite Ihnen mitzuteilen versucht. Vielleicht haben Sie jene Krankheit oder Schwierigkeit im Augenblick nicht, aber Sie könnten eine Disposition zu Problemen in jenem Bereich besitzen. Behalten Sie ein Auge darauf.

Einige Einträge in den verschiedenen Kategorien sind aufgrund ihres Humorwertes in die Diagramme aufgenommen worden. Wenn Ihr Pendel auf einen solchen Eintrag deutet, ist gewiß auch ein Körnchen Wahrheit dabei, über das Sie nachdenken sollten.

Falls Sie über eine bestimmte Antwort Ihres Pendels nicht im klaren sind, können Sie weiter darauf eingehen, indem Sie die *Ja/Nein/Vielleicht*-Reaktionen abfragen. Manchmal sind die Antworten, die am wenigsten Sinn zu ergeben scheinen, die wichtigsten, die wir verstehen sollen. Während es immer angenehm ist, etwas zu hören, das bereits Bekanntes bestätigt, bitte ich Sie, jenen Antworten die meiste Aufmerksamkeit zu schenken, die Ihnen nicht sofort einleuchten. Sie sind wichtig und sollten während der folgenden Befragungen im Kopf behalten werden.

Angenommen, Sie haben ein Problem in Ihrem Liebesleben. Angenommen, Sie sind Löwe, Ihr Partner ist Wassermann. Versuchen Sie, den Liebefächer auf beiden Diagrammen auszupendeln. Für Sie selbst (Löwe) erpendeln Sie »dynamisch«. Für Ihren Wassermannpartner erhalten Sie »Gehen Sie zum Tierkreis«. Gehen Sie also zum Tierkreisdiagramm auf Seite 62. Es enthält alle zwölf Zeichen des Tierkreises. Halten Sie das Pendel über den Mittelpunkt des Diagramms und beobachten Sie die Anschlagspitze (siehe Seite 31). Stellen Sie fest, zu welchem der zwölf Zeichen Sie gehen sollen. (Nehmen wir in diesem Falle an, es sei Steinbock). Denken Sie an Ihren Partner und pendeln Sie den Liebefächer für das Zeichen Steinbock aus. Angenommen, das Pendel weist auf das Stichwort »gehemmt«. Mit Ihrem »dynamisch« und Ihres Partners »gehemmt« kommen Sie vielleicht zu bestimmend an und dominieren Ihren Partner. Treten Sie ein wenig zurück. Geben Sie Ihrer Beziehung – und Ihrem Partner – etwas mehr Raum.

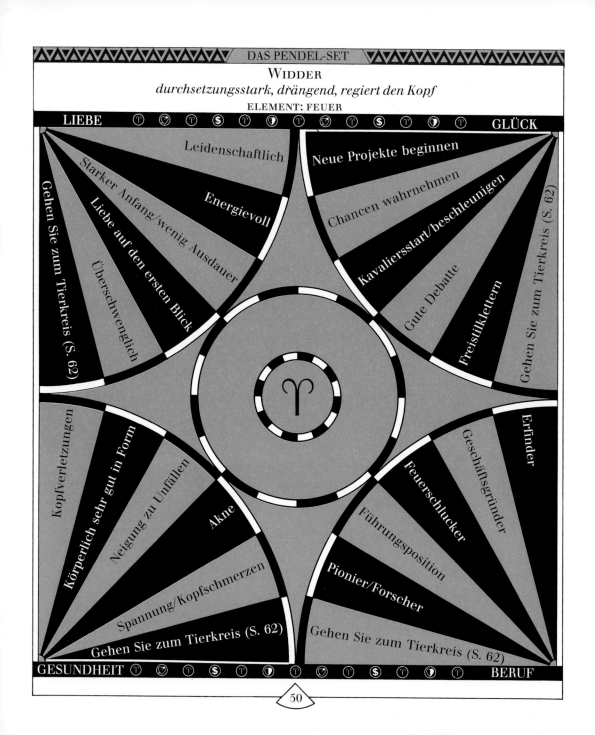

PENDELDIAGRAMME

STIER
besitzergreifend, beständig, regiert den Hals
ELEMENT: ERDE

LIEBE
- Gut auf lange Sicht
- Treu und zuverlässig
- Dickköpfig
- Besitzergreifend
- Stillschweigend sinnlich
- Gehen Sie zum Tierkreis (S. 62)

GLÜCK
- Sich etwas gönnen
- Gutes Essen (viel!)
- Weites Umfeld
- Körperliche Schönheit
- Sich geschätzt fühlen
- Gehen Sie zum Tierkreis (S. 62)

GESUNDHEIT
- Halsentzündung
- Zuviel sitzen
- Gewichtsprobleme
- Nackenschmerzen
- Polypen
- Gehen Sie zum Tierkreis (S. 62)

BERUF
- Juwelier
- Landwirt
- Immobilien
- Musiker
- Finanzen
- Gehen Sie zum Tierkreis (S. 62)

DAS PENDEL-SET

ZWILLINGE
kommunikativ, anpassungsfähig, regiert Lungen und Hände
ELEMENT: LUFT

LIEBE

- Flirtet gern
- Anpassungsfähig in der Beziehung
- Nicht nur auf eine Weise
- Zwei Partnerbeziehungen
- Wie gewonnen, so zerronnen
- Gehen Sie zum Tierkreis (S. 62)

GLÜCK

- Dauernde Krise
- Beweglichkeit und Unabhängigkeit
- Eine Idee verkaufen
- Gewitzt, geistreich sein
- Sich Probleme anderer aufladen
- Gehen Sie zum Tierkreis (S. 62)

GESUNDHEIT

- Asthma
- Spannung/Schulterschmerzen
- Bronchitis
- Verletzungen der Hände
- Versuchen Sie, nicht zu rauchen
- Gehen Sie zum Tierkreis (S. 62)

BERUF

- Rundfunk/Fernsehen
- Lehrer
- Sozialarbeiter
- Klatschkolumnist
- Schriftsteller
- Gehen Sie zum Tierkreis (S. 62)

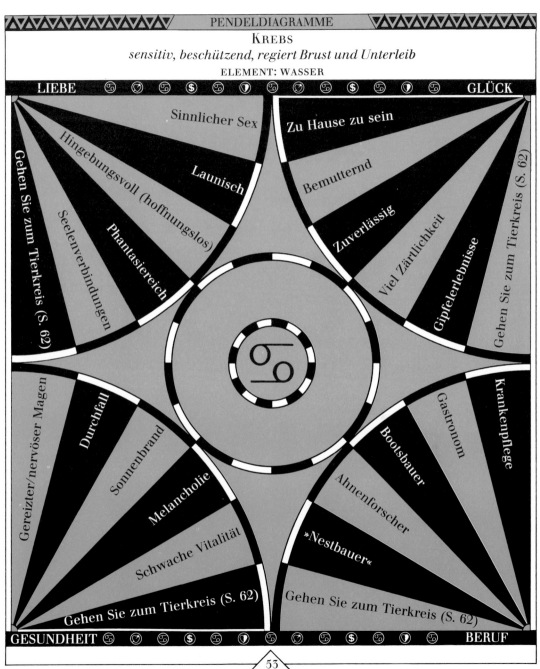

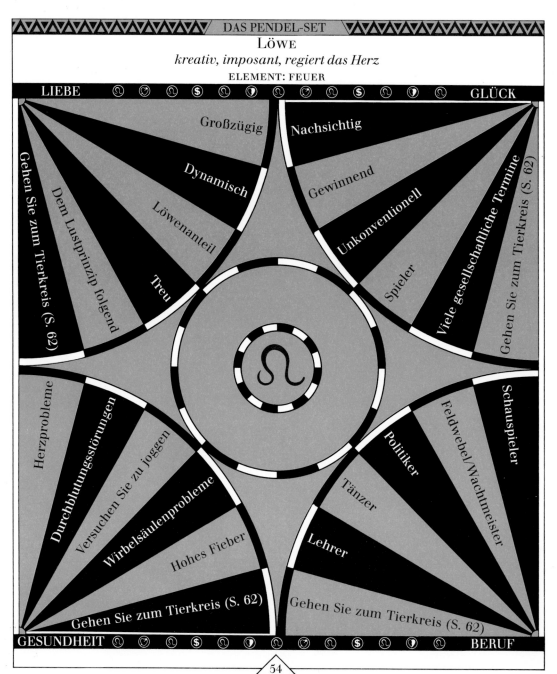

PENDELDIAGRAMME

JUNGFRAU
kritisch, analytisch, dient dem Ganzen, regiert den Magen

ELEMENT: ERDE

LIEBE — **GLÜCK**

- Dankbar
- Sich sorgen
- Rein
- Pedantisch
- Höflich
- Detaillierte Aufzeichnungen umschreiben
- Unsicher
- Ordentlich
- Unterdrückte Gefühle
- Etwas untersuchen
- Gehen Sie zum Tierkreis (S. 62)
- Gehen Sie zum Tierkreis (S. 62)

- Kolitis
- Nerven
- Bruch
- Sekretär(in)
- Verdauungsprobleme
- Psychotherapeut
- Blinddarmentzündung
- Gesundheitsberater
- Forschung
- Computerprogrammierer
- Gehen Sie zum Tierkreis (S. 62)
- Gehen Sie zum Tierkreis (S. 62)

GESUNDHEIT — **BERUF**

55

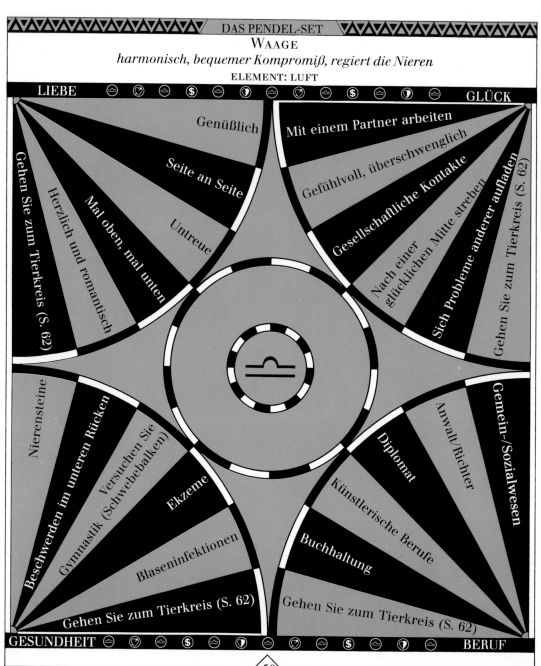

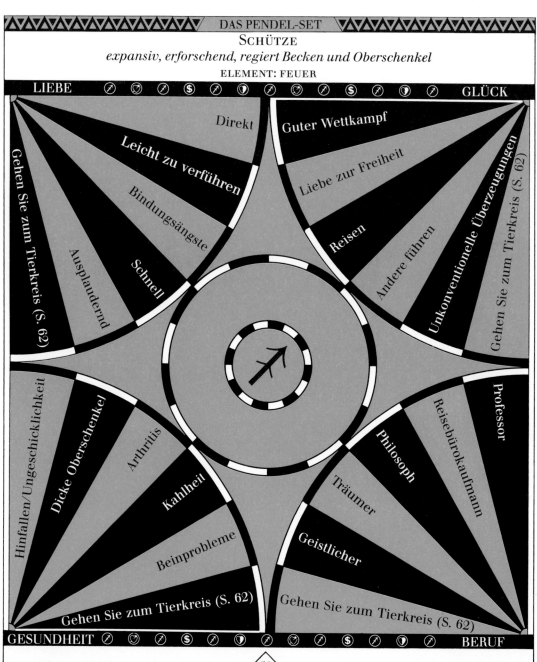

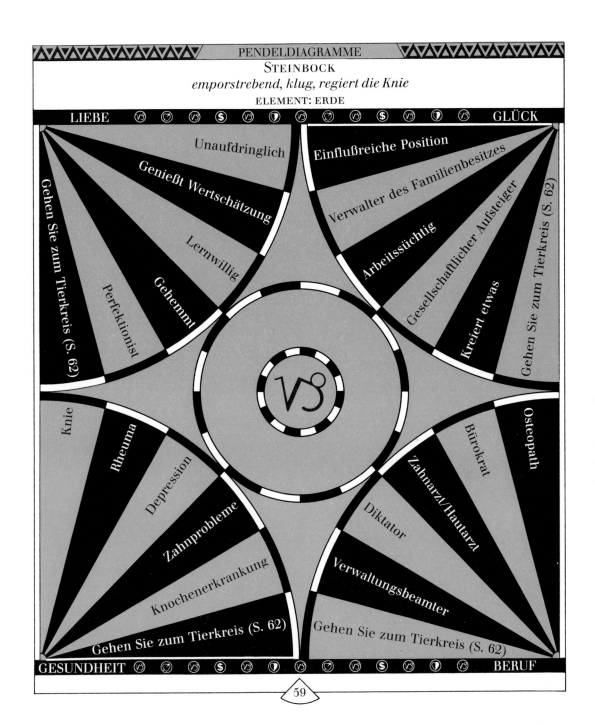

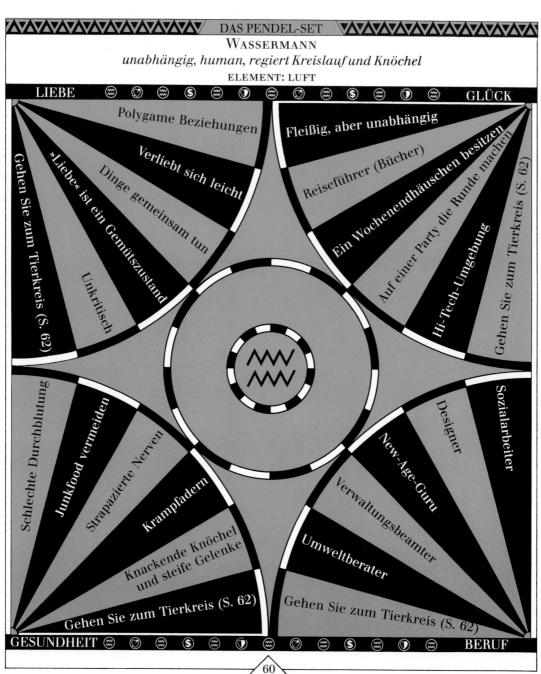

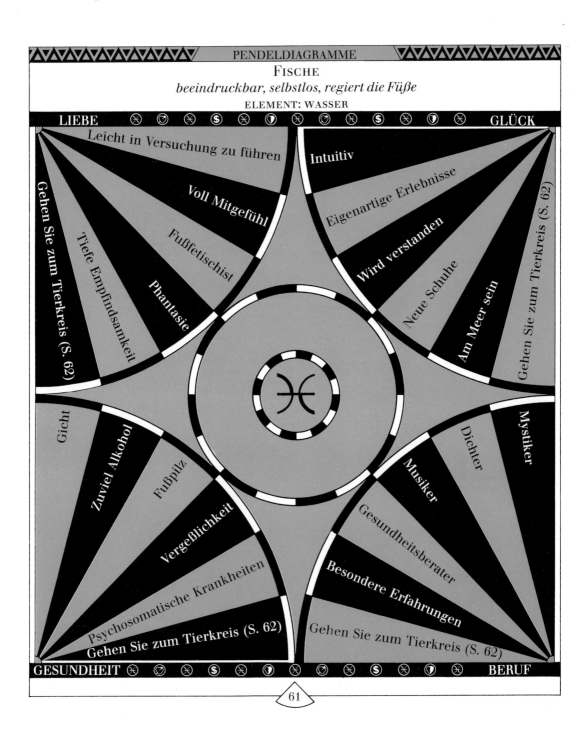

DAS PENDEL-SET

TIERKREISDIAGRAMM
Wie wird die Sache am besten zu lösen sein?

Das Astrologische-Häuser-Diagramm

Unser Leben ist in unterschiedliche Bereiche aufgeteilt ist: unsere Gefühle über uns selbst, unsere Beziehungen zu Angehörigen, Freunden und Altersgenossen, unser Beruf und gesellschaftliche Organisationen, um nur einige zu nennen.

Verschiedene Divinationsmethoden teilen unser Leben in unterschiedlich viele Scheiben oder Bereiche auf. Diese divinatorischen »Tortendiagramme« stellen unsere Ganzheit dar, und die »Tortenstücke« oder Unterteilungen sind die verschiedenen Szenen, in denen unsere Ganzheit sich manifestieren kann. Die Tarotkarten ergeben achtundsiebzig Scheiben oder Sektoren. Das I Ging ist in vierundsechzig sogenannte Hexagramme unterteilt; das nordische Volk unterschied nach vierundzwanzig Teilen, den Runen. Das Yin/Yang-Symbol teilt die Ganzheit in nur zwei Stücke auf.

Dieses uralte chinesische Symbol stellt das letztliche Gleichgewicht zwischen dem rezeptiven Yin und den aktiven Yang-Kräften dar, die im Universum zu finden sind. Es zeigt, daß es unmöglich ist, eine reine Yang-Energie zu haben, da in deren Herzen immer eine Spur Yin vorhanden ist – und umgekehrt.

In der Astrologie teilt das Horoskop unser Leben in zwölf Bereiche ein. Jeder Bereich entspricht einem bestimmten Zeichen des Tierkreises (Widder, Stier, Zwillinge usw.). Jedes Zeichen des Tierkreises hat eine natürliche Entsprechung mit einem der zwölf Häuser. Das Astrologische-Häuser-Diagramm soll Ihnen die Energien, die in jedem der zwölf Zodiakaspekte des Lebens zur Verfügung stehen, bewußter machen und zeigen, wie sie zu gebrauchen sind.

Die zwölf Häuser sind die verschiedenen Bühnen, auf denen wir unser Leben spielen – die persönlichen, familiären, geschäftlichen und gesellschaftlichen Bereiche unseres Lebens. Das 1. Haus handelt von dem Teil unserer Ganzheit, der mit dem »Ich-Gewahrsein« zu tun hat: Wer Sie sind, und wie Sie sich dem Rest der Welt zeigen. Das 2. Haus handelt von dem Teil Ihres Lebens, in dem Sie mit Ihren persönlichen Reserven arbeiten; und so weiter im Gegenuhrzeigersinn: über Erziehung, Zuhause, Liebesleben, Gesundheit, Beruf, Fortbildung, Bestrebungen, Status und Wir-Gewahrsein, mit dem der Kreis sich schließt.

Es gibt viele Möglichkeiten, ein Diagramm wie dieses zu nutzen (wie es auch andere Wege gibt, die Sternzeichen-Diagramme zu gebrauchen). Sie könnten versuchen, mit einem Thema zu arbeiten, das auftaucht, während Sie über den Sternzeichen-Diagrammen pendeln. Sie können das Thema weiter erforschen, indem Sie Ihre *Ja/Nein/Vielleicht*-Reaktionen zusammen mit dem Astrologische-Häuser-Diagramm abfragen. Die nächste Übung illustriert die Technik. Nehmen wir an, Sie fühlen sich besorgt in bezug auf etwas, aber Sie wissen nicht genau, wo dieses Gefühl herkommt.

Gehen Sie zum Astrologische-Häuser-Diagramm. Das 1. Haus sollte zu Ihrer Linken sein, zwischen 8.00-Uhr- und 9.00-Uhr-Positionen eines Zifferblatts. Nehmen Sie Ihr Pendel und fragen: »Ich will den Grund herausfinden, warum ich mich besorgt fühle. Kann ich? Darf ich? Bin ich bereit?« Angenommen, Sie erhalten auf alle Fragen ein Ja, *halten Sie das Pendel direkt über den Mittelpunkt des Diagramms.*

»Wo kommt diese Besorgnis vor allem her? In welchem Teil meines Lebens (Stück der Torte) ist diese dunkle Wolke hauptsächlich zu finden?« Wenn Ihre Suchposition ruhig ist, wird das Pendel nach einer Weile anfangen, vor- und zurückzuschwingen, mit der Mitte des Bogens genau über der Mitte des Diagramms, und den beiden Endpunkten des Ausschlages in zwei gegenüberliegenden Häusern. Deuten Sie auf eines der beiden Häuser und fragen Sie: »Ist es dieses Haus?« Wenn die Antwort ja *lautet, wissen Sie, daß es dieses Haus ist. Ist die Antwort* nein, *ist es das gegenüberliegende Haus. Vergessen Sie nicht zu fragen: »Ist dies die Wahrheit?«*

Wenn Sie sich mit der Einpendelmethode sicher genug fühlen, werden Sie vermutlich finden, daß sie schneller zu einer Antwort führt. Es bedarf nicht der zweiten Ja/Nein-*Pendelung, der Frage »Ist dies das Haus?« (obwohl es immer ein guter Gedanke ist, Ihre Antwort zu überprüfen).*

PENDELDIAGRAMME

ASTROLOGISCHE-HÄUSER-DIAGRAMM
Wo werde ich diese Sache lösen?

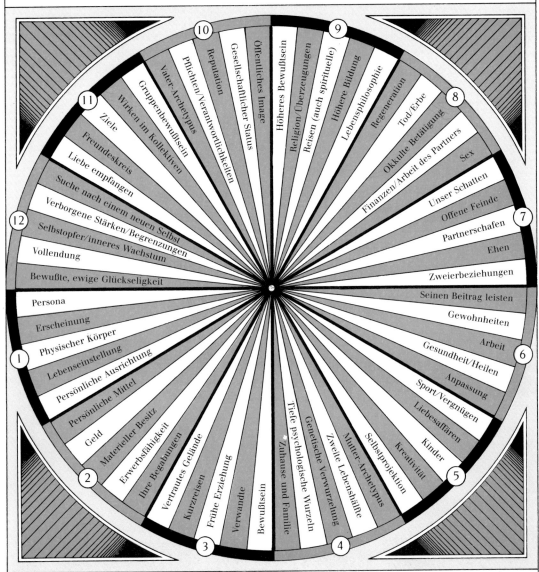

Angenommen, Sie fanden, daß Ihre Besorgnis vor allem im 9. Hause verankert liegt (Lebensanschauung, [auch spirituelle] Reisen, spätere/höhere Ausbildung, Religion/Überzeugungen, höheres Bewußtsein). »Das ist, woher es in erster Linie kommt, aber welcher spezifische Bereich des neunten Hauses?« (An diesem Punkte, meine ich, ist es wichtig festzustellen: Wenn Sie sich zufällig bereits mit der Astrologie befassen und andere Begriffe als Charakterisierung des 9. Hauses verwenden, dann bleiben Sie bitte bei Ihren eigenen Begriffen. Zum Zwecke dieser Übung wollen wir aber davon ausgehen, daß Ihnen die Worte, die ich gewählt habe, passend erscheinen.)

Mit Hilfe Ihrer eigenen Reaktionen könnten Sie Ihr Pendel über das Ja/Nein/Vielleicht-*Diagramm halten und fragen: »Ist die Besorgnis hauptsächlich in meiner Lebensanschauung zu finden?« – Nein. – »Stammt sie aus dem Bereich der Weiterbildung später im Leben?« – Ja. – »Ist sie in einem der anderen Bereiche des 9. Hauses?« – Nein. – »Ist das die Wahrheit?« – Ja.*

So wissen Sie nun, daß Sie im Zusammenhang mit höherer Bildung besorgt sind. Hatten Sie daran gedacht, sich fortzubilden, ein Studium anzufangen oder einen akademischen Titel zu erwerben?

Sie können mit dieser Information nichts anfangen? Halten Sie Ihr Pendel in die Mitte Ihres eigenen Sternzeichen-Diagramms. Bringen Sie das Pendel in Ihre Suchposition *und achten Sie darauf, ob es nach Liebe, Glück, Gesundheit oder Beruf ausschlägt. Dies wird Ihnen eine Vorstellung geben, wo Sie von etwas weiterer Ausbildung profitieren könnten. Unter* Glück *zum Beispiel könnte es bedeuten, daß die Kletterei, die Sie zur Entspannung betreiben, zu gefährlich wird, und es an der Zeit ist, einen Kletterkurs für Fortgeschrittene zu besuchen. Wenn es in den Bereich* Beruf *fällt, ist es vielleicht wirklich soweit, daß Sie zurück zur Schule gehen und Ihre berufliche Qualifikation auf den neuesten Stand bringen. Die Ergebnisse im Bereich* Liebe *könnten ebenso aufschlußreich sein. Vielleicht brauchen Sie Übung oder sollten einige fortgeschrittene Techniken lernen (Tantra). Es gibt immer noch etwas dazuzulernen. Gleichermaßen kann der Hinweis auf* Gesundheit *bedeuten, daß Sie etwas gegen Ihre Nervosität unternehmen sollten.*

Denken Sie daran, zuletzt die Frage »Ist das die Wahrheit?« zu stellen.

Das Planetendiagramm

Es gibt noch eine weitere Art, sich aus pendlerischer und zugleich astrologischer Sicht zu betrachten. Dabei geht es um unsere Einstellung zum Leben. Die verschiedenen Rollen, die wir spielen, werden von den elf bekannten Planeten dargestellt, mit denen die Astrologen sich beschäftigen. Von den ersten sieben sind fünf die sichtbaren Planeten: Merkur, Venus, Mars, Jupiter und Saturn. Die anderen beiden sind Sonne und Mond. Diese sieben inneren Planeten repräsentieren die Rollen, die wir spielen, die sichtbare Weise, wie wir wichtige Aspekte von uns selbst manifestieren: unseren Wesenskern, unsere Gefühle und Gedanken, unser Liebesleben, unsere Art der Selbstbestätigung, wie wir unsere Energien einsetzen.

Jenseits von Saturn sind die Planeten, die für das bloße Auge unsichtbar sind. Diese repräsentieren die weniger offensichtlichen Aspekte unseres Selbstausdrucks. Chiron ist der erste der »unsichtbaren« Planeten. Die Umlaufbahn dieses erst in den siebziger Jahren unseres Jahrhunderts entdeckten Planeten verläuft von innerhalb Saturns bis fast zur Bahn von Uranus, dem nächsten Planeten. Jenseits von Uranus (1781 entdeckt) sind die beiden letzten derzeit bekannten Planeten, Neptun (1846) und Pluto (1930). Diese vier äußeren Planeten handeln von weniger greifbaren Dingen. Sie führen uns beispielsweise zu Schlußfolgerungen oder lösen uns von der Vergangenheit, sie stehen in Verbindung mit dem Aufkommen veränderter Bewußtseinszustände, Transformation und Erneuerung.

Auf dem Planetendiagramm (Seite 69) finden Sie Beschreibungen von verschiedenen Möglichkeiten, wie Veränderung herbeigeführt werden kann, sei es durch Reflexion, durch Denken, durch Liebe oder durch die Tat. Dieses Diagramm beantwortet Fragen wie: »Wie kann ich am besten mit meinem Vater umgehen?« oder »Wie wird diese Veränderung sein?« oder »Welche Rolle sollte ich annehmen, um mit diesem Thema auf die für alle Beteiligten beste Weise umzugehen?«

Da keiner seinen Planeten zu irgendeinem Zeitpunkt in voller Kraft erlebt, ist es gewöhnlich am besten, dieses Diagramm zwei- oder dreimal auszupendeln, um auch zu sehen, ob es noch Nebenrollen gibt.

Ein Beispiel soll das verdeutlichen. Angenommen, Sie haben Probleme mit Ihrem Vater, und Sie pendeln über dem Planetendiagramm, um mehr darüber herauszufinden. Sie erhalten Merkur; er repräsentiert Denken, Schwingen, Botschaften, den Boten und Kommunikation. Das mentale Hin und Her von Botschaften hat mit Kommunikation zu tun. Vielleicht liegt hier das Problem mit Ihrem Vater: Die Kommunikation ist gestört.

So erpendeln Sie das Planetendiagramm von neuem, um zu sehen, welche weiteren Einflüsse es in dieser Kommunikationsangelegenheit mit Ihrem Vater geben könnte, und Sie erhalten Saturn. Saturn hat zu tun mit Begrenzungen, Einschränkungen und Regeln. Fühlen Sie sich eingeschränkt durch die derzeitige Rolle, die Sie Ihrem Vater gegenüber spielen? Vielleicht löst er Ihnen Unbewußtes aus, Ihre Gefühle über die Beziehung, die Sie mit ihm verband, als Sie ein Kind waren, und die Sie noch heute betrifft, besonders jetzt, in Ihrer Kommunikation mit ihm. Verwenden Sie die *Ja/Nein/Vielleicht*-Reaktionen, um dies herauszufinden. Achten Sie vielleicht auf Groll und Ängste der Vergangenheit, und lassen Sie nicht andere die Knöpfe in Ihnen drücken, die jene »alten Programme« von neuem auslösen, immer wieder.

Denken Sie an eine Angelegenheit, die Ihnen gerade jetzt in Ihrem Leben zu schaffen macht. Das Planetendiagramm ist ein Weg, die verschiedenen Rollen zu erforschen, die Sie spielen können, um eine Veränderung herbeizuführen. Die Planeten am Himmel repräsentieren unterschiedliche Energien, die Sie nutzen können, um eine Lösung zu erreichen. Formulieren Sie die Thematik klar. Trachten Sie ehrlich nach einer Lösung. Halten Sie das Pendel über den Mittelpunkt des Planetendiagramms, und fragen Sie etwas wie: »Was muß ich tun, um die Lösung dieser Angelegenheit zu bewirken? Welche Art von Energie kann ich am besten einsetzen?« Entsprechend: »Welchen dieser Planeten/ Energien muß ich im Auge behalten, da er einer Lösung entgegenwirken könnte?« Sehen Sie, was Ihr Pendel zu sagen hat.

Die Planeten repräsentieren die verschiedenen archetypischen Rollen oder Muster, die wir auf den verschiedenen Bühnen, die die zwölf Häuser uns bieten, spielen können. Die Häuser sprechen von dem Podium, auf dem sich das Spiel des Lebens entfaltet, wo es weitergeht. Die Zeichen des Tierkreises sprechen von dem Thema, und teilen uns mit, wie Dinge möglicherweise eintreten werden. Durch systematisches Erarbeiten (rückwärts und vorwärts) dieser verschiedenen Astrologiediagramme können Sie sehr viel über sich selbst und andere herausfinden.

PENDELDIAGRAMME

PLANETENDIAGRAMM
Welche Rolle sollte ich übernehmen, um diese Angelegenheit zu lösen?

Angenommen, Sie haben ein Problem mit Ihrem Freund. Was können Sie tun, um eine Lösung herbeizuführen? Formulieren Sie das Problem, halten Sie das Pendel über den Mittelpunkt des Planetendiagramms und fragen Sie: »Welcher Planet paßt am besten bei einem Problem wie diesem?« Wenn Sie eine Antwort erhalten, gehen Sie weiter zum Astrologische-Häuser-Diagramm und fragen: »In welchem Bereich meines Lebens, in welchem Haus, findet die Inszenierung statt?« Gehen Sie zum Tierkreisdiagramm. Halten Sie Ihr Pendel in die Mitte und fragen Sie: »Wie werde ich diese Lösung erkennen? Welches Zeichen werde ich sehen?« Der Pendelausschlag wird sich über dem einen der zwölf Zeichen einpendeln. Gehen Sie zu diesem Zeichen mit seinen vier Fächern für Liebe, Glück, Gesundheit und Beruf. Auf dem Diagramm für dieses Zeichen stehen der Name des Zeichens, das astrologische Symbol des Tierkreiszeichens und Stichworte, die das Zeichen charakterisieren. Diese beantworten die Frage: »Wie?« Sie können feststellen, wonach Sie suchen, wenn Sie alle Fächer jenes Zeichens ebenfalls erpendeln. Sie können diese Diagramme für eine rasche Deutung, eine Schnelldivination, jederzeit verwenden, wenn Sie sich nicht sicher sind. Wenn Sie ein Problem/eine Gelegenheit formuliert haben, beantworten die Planeten die Frage *»Was?«* Die Häuser beantworten die Frage *»Wo?«* Das Zeichen des Tierkreises beantwortet die Frage *»Wie?«* (Die vier Fächerdiagramme ermöglichen Ihnen sogar noch spezifischere Antworten.)

Wetter Auspendeln

Kürzlich arbeitete ich mit meiner Kollegin Eleanor Ott, beim Wettermuten zusammen. Wir interessierten uns besonders für zwei Fragen:

1. Welche Temperatur werde ich morgen früh am Außenthermometer ablesen?
2. Was werde ich am Himmel sehen, wenn ich morgen früh hinausschaue?

Das Null-bis-hundert-Diagramm kann von unmittelbarem Nutzen bei der Ermittlung der Temperatur sein. Nach der Einstimmung halten Sie Ihr Pendel über dem Mittelpunkt des Diagramms und stellen Sie die erste Frage. Folgen Sie dem Pendelausschlag, bis er sich bei einer bestimmten Zahl einpendelt. Er kann Ihnen die Temperatur auf ein Grad genau anzeigen.

PENDELDIAGRAMME

Wenn Sie in einer Gegend wohnen, in der die Temperatur unter den Nullpunkt absinkt (ob auf der Celsius- oder der Fahrenheitskala, spielt dabei keine Rolle), werden Sie festzustellen haben, ob die angezeigte Temperatur über oder unter 0° liegt. Wenn Sie in tropischen Klimazonen liegen, mag dies als ein irrelevantes Problem scheinen, aber in Vermont, wo ich wohne, schwankt die Temperatur zwischen 38°C (100°F) im Sommer und −42°C (−45°F) in tiefkalten Januarnächten.

Als Eleanor und ich uns mit diesen Fragen befaßten, war es interessanterweise in den Monaten November, Dezember und Januar – der Zeit des Jahres, in der mein Fahrenheitthermometer draußen Temperaturen um den Nullpunkt anzeigt, der bei −18°C liegt. Innerhalb eines Zeitraums von sechs Tagen begannen tatsächlich die Morgentemperaturen bei 15°F (−9°C), sanken ab bis −20°F (−28°C) und gingen wieder nach oben bis 40°F (4°C) – dies alles binnen einer Woche!

Das Problem ist hier das eigene Vorurteil, wie das Wetter werden würde. »Letzte Nacht war Frost, es wird heute also wieder kalt sein.« Doch dann war es 30° wärmer! Wenn man in einem Klima lebt, in dem die Temperatur verhältnismäßig geringen Schwankungen unterworfen ist, hat man es hier viel leichter.

Sie werden gemerkt haben, daß das Null-bis-hundert-Diagramm mit einem Plus- (+ = ja) und einem Minuszeichen (− = nein) versehen ist. Wenn Sie in einer Klimazone leben, in der zur Zeit Ihrer Ermittlungen die Temperaturen um den Nullpunkt schwanken, dann können Sie diese Optionen verwenden, um festzustellen, ob die erpendelte Temperatur unter oder über 0° liegt.

Sie können das Ja/Nein/Vielleicht-Diagramm (ja = +, nein = −) oder Ihre Ja/Nein/Vielleicht-Reaktionen verwenden, oder Sie können das Pendel über das Pluszeichen auf dem Null-bis-hundert-Diagramm halten und fragen: »Wird die Temperatur auf meinem Außenthermometer morgen früh über 0° liegen?«

Wenn die Antwort Nein lautet, halten Sie das Pendel über das Minuszeichen auf demselben Diagramm und fragen Sie: »Wird die Temperatur morgen früh unter 0° liegen?« Wenn die Antwort Ja lautet, wissen Sie, daß dies eine Bestätigung der ersten Ermittlung einer Temperatur unter 0° ist.

Dann können Sie Ihr Pendel über den Angelpunkt des Fächers halten und fragen: »Welche Temperatur werde ich morgen bei der ersten Ablesung am

DAS PENDEL-SET

MORGENHIMMEL-DIAGRAMM
Was werde ich am Himmel sehen, wenn ich morgen früh hinausblicke?

PENDELDIAGRAMME

Außenthermometer feststellen?« Beobachten Sie den wandernden Pendelausschlag; er wird an einer bestimmten Zahl hängenbleiben. »Ist das die Wahrheit?«

Eleanor und ich haben ein Siebenpunktediagramm möglicher Antworten auf die Frage entwickelt: »Was werde ich am Himmel sehen, wenn ich morgen früh hinausblicke?« Die Möglichkeiten sind Schnee, Regen, Nebel, Wolken, leicht bedeckt, überwiegend blau, ganz blau/wolkenlos.

Halten Sie Ihr Pendel über dem Mittelpunkt des Morgenhimmeldiagramms, und stellen Sie die folgende Frage: »Was werde ich am Himmel sehen, wenn ich morgen früh hinausblicke?« Folgen Sie dem Pendel zur Antwort.

Die beste Zeit, Ihre Ermittlungen von Außentemperatur und Himmel anzustellen, ist am Abend vorher, kurz bevor Sie zu Bett gehen. Halten Sie Ihre Pendelergebnisse auf einem Notizblock fest, zusammen mit den Morgentemperaturen und dem Zustand des Himmels. Falls Sie kein Außenthermometer besitzen, sondern sich auf die Angaben der Morgentemperaturen im Rundfunk stützen, müssen Sie Ihre Frage entsprechend umformulieren.

Eine Warnung vorweg: Diese Methode der Wettermutung ist möglicherweise mit einem sehr hohen Frustrationsfaktor behaftet. Wenn es nicht zu funktionieren scheint, dann nehmen Sie sich etwas Zeit, um Ihre Technik zu untersuchen. Haben Sie Abkürzungen versucht? War die Frage richtig gestellt? Selbst wenn Sie nicht zum Experten für Wettermutungen werden, können Sie sehr viel darüber lernen, wie Ihre Pendelfähigkeit Fortschritte macht.

Als Eleanor und ich anfingen, arbeiteten wir mit »Orbes« wie die Astrologen, um unsere Erfolgsrate zu steigern. Das heißt, daß man beispielsweise jede Temperatur innerhalb von ±5° als richtig anerkennt. Vielleicht ist ein Spielraum von ±3° besser. Aber schließlich geht es darum, die Temperatur exakt zu ermitteln – wozu also Orbes? Entscheiden Sie für sich selbst.

Die Diagramme, die wir in diesem Kapitel besprechen, lassen sich auf viele verschiedene Weisen einsetzen. Wenn Sie über einem Weltkartendiagramm unterirdische Erdölreserven erpendeln können, vermögen Sie über jeder Landkarte oder Fotografie fast alles zu ermitteln. Die Verwendung der Astrologiediagramme ist nur durch das Maß ihrer Vorstellungskraft beschränkt. Das Wetterdiagramm kann sich als lustiges Experiment oder als eine frustrierende Lernerfahrung erweisen.

KAPITEL 4

ANWENDUNGSMÖGLICHKEITEN DES PENDELNS

Zu viele Pendler, die anfangs einigen Erfolg mit dem Pendel haben, stellen nach einer Weile fest, daß sie weniger und weniger Gebrauch davon machen, und dann hören sie ganz damit auf. Der Trick besteht darin, genau das Gegenteil zu tun und zuzusehen, ob man nicht mehr und mehr Anwendungsmöglichkeiten fürs Pendeln finden kann. Üben Sie Ihre Intuition! Es gibt so viele Bereiche, in denen man zu Hause erfolgreich pendeln kann. Das Pendel kann zum Beispiel nützlich werden, wenn Sie etwas verlieren. Es funktioniert nicht immer – weil Sie sorgfältig darauf achten müssen, die richtigen Fragen zu stellen –, aber manchmal können die Resultate verblüffend sein. Sie erinnern sich vielleicht an mein Erlebnis mit dem Verlobungsring, der auf dem Rasen vor dem Haus verloren ging.

Wir werden anfangen, indem wir uns eine Reihe von Pendelsignalen entwickeln, die anzeigen, wenn wir uns dem Ziel nähern, oder wenn wir direkt darüber sind, und wir werden einige Übungen durchführen. Wir werden einige der Dinge erforschen, nach denen Menschen mit Hilfe des Pendels suchen, und mehr Hinweise zum Pendeln über Landkarten geben. Dann werden wir die Möglichkeiten des Auspendelns von Nahrungsmitteln prüfen und unsere eigenen Nahrungsmittelallergien entdecken.

Blütenessenzen, die einen direkten Bezug zu Ihren Emotionen haben, sind vielleicht etwas Neues für Sie, aber durch Auspendeln kölnnten sich Ihnen neue Möglichkeiten eröffnen. Vielleicht finden Sie heraus, daß die Blütenessenzen sich gut mit den Astrologiediagrammen vertragen, die in Kapitel 3 besprochen wurden.

Was tun Sie, wenn Sie etwas verloren haben und sicher sind, daß es sich z. B. in Ihrem Haus befindet? Sie nehmen natürlich das Pendel zu Hilfe! Mit der Einpendeltechnik ermitteln Sie die Richtung, in der der gesuchte Gegenstand sich befindet, und während Sie auf ihn zugehen, zeigt Ihnen das Pendel, wie Sie ihm näherkommen, und dann, daß Sie über dem Ziel sind – und sogar, ob

Achten Sie darauf: Während Sie sich dem Ziel nähern, geht Ihr Pendel von der Suchposition in eine elliptische Schwingung über, direkt über dem Zielpunkt zu einer Kreisbewegung, und jenseits des Zieles wieder zu einer Ellipsenbewegung zurück, um schließlich wieder die Suchposition zu erreichen. Das Pendel kann dabei im Uhrzeigersinn oder im Gegenuhrzeigersinn schwingen.

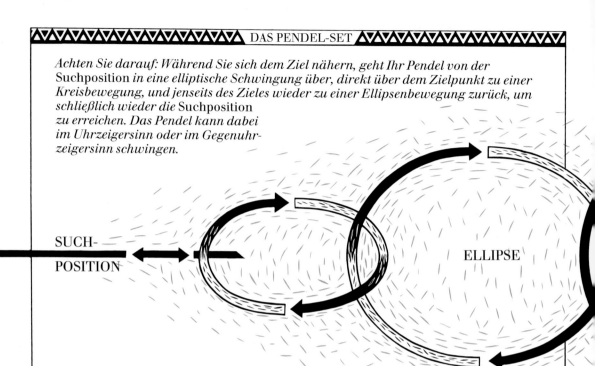

Sie übers Ziel hinaus gegangen sind. Die meisten Pendler finden, daß das Suchen von Richtung *und* Position eine sehr nützliche Fertigkeit ist, die es zu entwickeln und zu vervollkommnen gilt. Hier ist eine Übung, mit der Sie es trainieren können.

Legen Sie eine Münze vor sich auf einen Tisch. Nehmen Sie sich einen Augenblick Zeit, um sich einzustimmen. Bitten Sie das Pendel, Ihnen mittels der Einpendeltechnik die Richtung der Münze anzugeben. (Ich weiß, daß Sie die Münze selbst sehen können, aber zum Zwecke dieser Übung tun wir so, als könnten Sie das Geldstück nicht sehen.)

Ausgehend von Ihrer Suchposition *bewegen Sie nun die Hand längs der gedachten Linie, die die Pendelachse Ihnen zeigt. Während Sie sich der Zielmünze nähern, wird Ihr Pendel anfangen, eine elliptische Bewegung durchzuführen. Ihr Daumen und Zeigefinger bewegen sich längs der Hauptachse der Ellipse, während die Hand sich dem Ziel nähert. Während Sie noch*

ANWENDUNGSMÖGLICHKEITEN

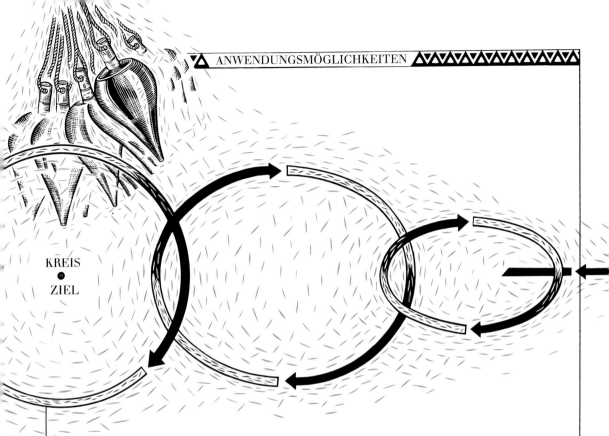

KREIS
•
ZIEL

näher kommen, wird die Ellipse mehr und mehr kreisförmig, bis das Pendel schließlich, direkt über dem Ziel, in einer vollendeten Kreisbewegung schwingt. Während Sie mit der Hand über die Münze hinaus weiter gehen, wird die Bewegung des Pendels wieder Ellipsenform annehmen, und je weiter Sie sich vom Ziel entfernen, desto flacher wird die Ellipse werden, bis Ihr Pendel wieder zur Vorwärts/Rückwärts- oder zur ruhigen Suchposition zurückkehrt.

Nun legen Sie ein Buch als Ziel auf den Fußboden an der anderen Seite des Raumes. Versuchen Sie die gleiche Übung, die Sie soeben mit einer Münze durchgeführt haben, aber im Stehen. Der Hauptunterschied, den Sie erleben werden, ist, daß die Entfernung von dem Ziel, in der das Pendel von der Suchposition *zur elliptischen Bewegung übergehen wird, viel größer ist*. Über dem Tisch konnte man diesen Abstand in Zentimetern messen; wenn Sie nun im Stehen pendeln, wird sie leicht über einen Meter groß. Bitte versuchen Sie diese Übung jetzt. Sie werden vielleicht merken, daß es sich etwas fremd anfühlt, im

DAS PENDEL-SET

Stehen zu pendeln, aber während Ihr Pendel schwingt, lassen Sie sich nicht dadurch stören, wenn Sie merken, daß die Reaktion gänzlich verloren ist. Versuchen Sie, das im Kopf zu behalten, was Sie tun, ohne sich so stark zu konzentrieren, daß Sie die Reaktion forcieren.

Beachten Sie, daß ich bisher noch nichts darüber gesagt habe, in welche Richtung das Pendel rotiert, ob im Uhrzeigersinn oder entgegengesetzt. Für die obigen Übungen spielt es keine Rolle. Es kann in jede Richtung gehen und gleichermaßen effektiv sein.

Sie besitzen jetzt die Fertigkeit, alles zu finden, an was Sie nur denken können. Ein mir bekannter Zimmermann benutzt sein Bleilot, um die Pfosten in den Innenwänden von Häusern zu finden. Vielleicht können Sie den lange verlorenen Ring oder ein anderes Schmuckstück jetzt endlich finden. Wenn etwas kaputt ist oder einfach seinen Geist aufgibt, ohne daß Sie herausfinden können, warum, können Sie das Pendel verwenden, um herauszufinden, welcher Teil nicht funktioniert. Ich habe von einem kanadischen Pendler gehört, der mit Hilfe des Pendels die speziellen Probleme in Automotoren herausfand. Andere haben diese Methode eingesetzt, um festzustellen, welcher Teil einer Großrechneranlage nicht funktionierte.

Vergessen Sie nicht, Ihre Suchfähigkeiten mit dem Landkartenpendeln zu kombinieren. Es erspart so viel Zeit, wenn Sie ein großes Gebiet untersuchen müssen. Alles, was Sie brauchen, ist eine Zeichnung des Ortes, an dem Sie suchen wollen. Dies kann eine topographische Karte sein, ein Foto oder eine einfache Handzeichnung des gewünschten Platzes. Verwenden Sie entweder Triangulation oder die Reihen/Spalten-Technik, die Sie anhand des Weltkartendiagramms (Seite 44) gelernt haben.

Das Grundrißpendeln ist ebenfalls sehr lohnend. Wenn Sie meinen, etwas zu Hause verloren zu haben, dann zeichnen Sie einen Grundriß des Hauses. Nach den üblichen Einführungsschritten fragen Sie Ihr Pendel: »Ist das, was ich suche, in diesem Haus?« Wenn ja, dann pendeln Sie die Zeichnung genau aus, wie Sie es mit dem Weltkartendiagramm geübt haben. Dann gehen Sie zu dem betreffenden Teil des Hauses und verwenden Sie die Triangulation, um den verlorenen Gegenstand zu finden.

Vor einiger Zeit besuchte ich die Basilika St.-Anne-de-Beaupre in Quebec, Kanada. Sie birgt die meistbesuchte heilige Quelle und Heilungsstätte in

Nordamerika. Da ich mich mit den Erdenergien (den Lebenssystemen der Erde) befaßte, wußte ich intuitiv, daß an wirklich heiligen Stätten wie dieser immer Kraftpunkte zu finden sind. In Gedanken untersuchte ich vorher den kreuzförmigen Grundriß, der in der katholischen Kirchenarchitektur so häufig anzutreffen ist. Normalerweise ist das Hauptzentrum der Erdenergie unter dem Hochaltar am Ende des Chorgestühls zu finden, aber in diesem Falle wurde mein inneres Auge zum linken Ende des Querschiffs gezogen.

Als ich, etliche Stunden später, zu der Kirche gelangte, ging ich durch das Hauptschiff in Richtung Altar, und kam zum Querschiff. Ich blickte nach links, und dort, am Ende des Querschiffs, war das Ziel der Wallfahrten so vieler Menschen, die Heilung anstrebten. Außer einem Handwurzelknochen, der der heiligen Anna, der Mutter Marias, gehört haben soll, war dort eine große, kreisrunde Säule, vor der die Heilungssuchenden zum Gebet niederknieten. An der Säule selbst fanden sich die stummen Zeugnisse der Heilungskräfte der heiligen Anna: Brillen, Stöcke, Krücken, Stützkorsette und andere Hilfsmittel, die die geheilten Pilger nicht länger benötigten. Das Hauptzentrum der Kraft dieser Basilika lag tatsächlich im linken (nordwestlichen) Arm des Querschiffs. Meine Intuition hatte sich nicht geirrt.

AUSPENDELN VON NAHRUNGSMITTELN UND ALLERGIEN

Das Pendel kann von großem Nutzen sein, wenn Sie nach irgendeiner Diät leben. Viele Menschen leben heute nach einer makrobiotischen, hefe-, zuckerfreien, natriumfreien, fettarmen, kalorienreduzierten, biologischen oder sonstigen Kost. »Ist dieses Nahrungsmittel für mich zum Verzehr geeignet?« ist eine typische Frage für das Pendel.

Als Pendler werden Sie verschiedene Durchgangsriten hinter sich bringen, während Sie in Ihren Fertigkeiten wachsen. Für viele ist das Aha-Erlebnis, wenn das Pendel zum erstenmal »von selbst« funktioniert (oder wenn es sich jedenfalls so anfühlt), eine solche Phase. Eine weitere Stufe wird erklommen, wenn Sie zum erstenmal in der Öffentlichkeit muten wollen.

Als ich zum erstenmal an Geländeübungen der New England Antiquities Research Association (NEARA) teilnahm – einer Gruppe, die an rätselhaften, archäologischen Stätten in den Nordoststaaten der USA interessiert ist –, hatte ich nicht das Gefühl, mein radiästhetisches Instrumentarium offen hervorholen zu wollen, um die Erdenergien der Stätten zu untersuchen, die wir besuchten. Die meisten NEARA-Mitglieder hatten archäologische Neigungen, und ich befürchtete, das Muten werde auf Ablehnung stoßen. Ich erinnere mich, daß ich mich hinter einem Felsen versteckte, um meinem Pendel Fragen über die Erdenergien stellen zu können, die dort vorhanden waren. Schließlich kamen so viele Leute zu mir und fragten, was ich da tue, daß ich der Stimme im Innern folgte und einfach mein Aurameter hervornahm (ein teures Instrument, das sehr genau die Ränder von Energiefeldern anzeigt) und zu muten begann. Und der Himmel stürzte nicht ein. Die Reaktion der Umstehenden war interessant! Seit jener Zeit hat es mir nie mehr etwas ausgemacht. Selbst in gotischen Kathedralen habe ich hin und wieder gemutet.

Das Null-bis-hundert-Diagramm kann hier ebenfalls nützlich sein. »Wenn die beste Nahrung für mich hundert, und das schlechteste Junkfood null ist – wieviel sind dann diese Pommes frites wert?« (Aber um diese Frage zu beantworten, sollten Sie eigentlich auch ohne Pendel auskommen!)

Ebenso kann das Pendeln bei der Beschäftigung mit Allergien eine Hilfe sein, nicht nur bei deren Identifizierung, sondern auch um festzustellen, ob von den Nahrungsmitteln, auf die Sie allergisch reagieren, etwas in der Mahlzeit enthalten ist, die Sie gerade vor sich haben. Wenn Sie eine allergische Reaktion zeigen und nicht wissen, wodurch sie ausgelöst wurde, dann fragen Sie Ihre Intuition: »Ist es etwas, das ich esse? Ist es etwas, das ich einatme? Komme ich in Kontakt mit einer Substanz, wenn ich draußen bin? Ist es nur eine Substanz?« Durch *Ja/Nein*-Fragen kommen Sie der Lösung rasch näher. Das Null-bis-hundert-Diagramm kann Ihnen schnell zeigen, wie sehr eine bestimmte Substanz Ihnen zu schaden vermag.

Freddie Fredericks, eine Bekannte in England, hat lange Listen von Nahrungsmitteln, die allergische Reaktionen bewirken können, angefangen von bestimmten Molkereiprodukten über Fleisch und Gemüse bis hin zu exotischen Früchten. Wenn sie für eine andere Person ermittelt, geht sie mit dem Pendel in der Suchposition die Liste entlang. Wenn sie sich dabei einem Nahrungsmittel nähert, das eine allergische Reaktion bei der betreffenden Person auslösen könnte, teilt ihr das Pendel dies mit; wenn sie direkt darüber angekommen ist, sagt es: »Das ist es.«

Sie haben bereits eine Methode gelernt, dies selbst durchzuführen: Wenn Sie sich einem Nahrungsmittel (dem Ziel) nähern, auf das Sie allergisch reagieren könnten, wird das Pendel eine elliptische Bewegung zeigen; wenn Ihre Hand mit dem Pendel direkt über dem Allergen steht, kreist das Pendel.

Freddie hat auch Listen verschiedener Chemikalien, die als Zusatzstoffe in Nahrungsmitteln verwendet werden. Mit Hilfe des Pendels können Sie einen Anhaltspunkt gewinnen, welche Substanzen zu meiden sind. Freddie hat aber auch – als positives Gegengewicht – eine Liste vorteilhafter Zusatzstoffe mit den Vitaminen und Spurenelementen, die für unsere Gesundheit notwendig sind. Lassen Sie sich von der Kombination Ihrer Intuition mit Ihrem Verstandesdenken leiten. Sie wissen beispielsweise, daß gewisse Vitamine, zum Beispiel A und D, nicht in großen Mengen eingenommen werden sollten.

Sie können selbst Listen von Nahrungsmitteln zusammenstellen und sie auspendeln, oder Sie können Fächer zeichnen, in deren Sektoren Sie die Namen verschiedener Nahrungsmittel eintragen. Die Fragen, die Sie dazu stellen, bleiben Ihnen überlassen. Achten Sie aber darauf, Ihre Fragen klar zu formulieren – und beim Pendeln an sie zu denken!

Bitte fühlen Sie sich nicht eingeschränkt durch die Diagramme, die in dieses Buch aufgenommen wurden. Sie können selbst Diagramme anfertigen für alles, was Ihnen in den Sinn kommt und die Wahl zwischen verschiedenen Möglichkeiten läßt. Sie können sich sogar das Ziel für Ihren nächsten Urlaub auspendeln.

Die Blütenheilmittel

Während das Pendel auf physischer Ebene eine Hilfe sein kann, wenn es darum geht, welche Speisen Sie essen oder worauf Sie allergisch reagieren können, erweist es sich auch bei der Arbeit auf emotionaler Ebene von unschätzbarem Wert. Eine Möglichkeit, sich mit den schwerer zu fassenden Emotionen wie Wut, Angst oder Trauer auseinanderzusetzen, ist die Beschäftigung mit Blütenmitteln. Die Essenzen gewisser Blumen haben sich bei der Behandlung emotionaler Angelegenheiten als hilfreich erwiesen.

Ich will Ihnen ein Beispiel zeigen: Angenommen, Sie wollen anfangen, Ihre Träume aufzuzeichnen, haben aber Schwierigkeiten, sich an sie zu erinnern.

DAS PENDEL-SET

Eine der Blüten, die sich in diesem Falle als wirkungsvoll erwiesen haben, ist *Vergißmeinnicht*, das man in vielen Blumengärten reichlich findet. Es ist fast ein Unkraut und trägt kleine, hellblaue Blüten. Wenn man es zur Mittagszeit pflückt und mit einer kleinen Menge guten, klaren Wassers in eine Glasschale gibt und mehrere Stunden in die Sonne stellt, geht die Essenz der Blüten durch die Wirkung des Sonnenlichts in die Flüssigkeit über.

Das Wasser wird zur Konservierung zu gleichen Teilen mit Weinbrand oder Kognak gemischt. Die meisten Fälle erfordern Dosierungen von wenigen Tropfen dieser Mischung auf ein Glas Wasser. Alternativ könnten Sie auch etwas von der Flüssigkeit mit einer Glaspipette aus dem Fläschchen nehmen und vor dem Schlafengehen einige Tropfen auf die Zunge geben (wie viele genau, können Sie erpendeln), mit dem Vorsatz, Ihre Träume nicht zu vergessen.

Es ist zwar immer am besten, solche Arzneien selbst herzustellen, aber es gibt mehrere Serien kommerziell hergestellter Blütenessenzen auf dem Markt. Eine sehr bekannte Marke stammt aus England, eine weitere aus Kalifornien. Es erübrigt sich fast zu erwähnen, daß Sie sich mit einem ernsten medizinischen Problem einem erfahrenen Therapeuten oder Arzt anvertrauen sollten, und die Blütenessenzen dann gegebenenfalls in Verbindung mit den von Ihrem Behandler empfohlenen Maßnahmen einnehmen können.

Angenommen, Sie besitzen zufällig einige der Blütenessenzen und haben mit den Astrologiediagrammen in Kapitel 3 gearbeitet. Vielleicht sind Sie sich einiger ungelöster Gefühle bewußt geworden, die an die Oberfläche aufstiegen, als Sie über den Diagrammen gependelt haben. Versuchen Sie, diese Gefühle in ein oder zwei Schlüsselbegriffen zusammenzufassen.

Schreiben Sie nun die Namen der Blütenessenzen auf, die Ihnen zur Verfügung stehen, oder verwenden Sie eine Liste, die Sie von Ihrem Lieferanten erhalten haben, und muten Sie mit dem Pendel darüber. Nach der einstimmenden Vorbereitung sagen Sie: »*Zeige mir die Ja-Reaktion, wenn ich mit der Hand direkt über dem Heilmittel bin, das für mich jetzt am nützlichsten ist.*«

Wenn Sie diese positive Reaktion erhalten, fragen Sie: »*Ist dies das beste?*« *Wenn ja, dann lesen Sie über die therapeutischen Eigenschaften dieser Arznei. Wenn Sie leicht einen Bezug zu ihnen herstellen können, dann ist es gut. Wenn es Ihnen nicht gelingt, dann ist das noch besser! Nach meiner Erfahrung gibt es viele Gelegenheiten, bei denen Ihre Intuition Sie auf Gefühle aufmerksam macht, deren Sie gar nicht bewußt gewesen sind. Schenken Sie auch jenen Resultaten Ihres Pendelns Beachtung, die Sie zunächst nicht nachvollziehen können. Manchmal teilen sie Ihnen etwas wirklich Wichtiges mit. Das gilt besonders, wenn Sie eine starke negative Reaktion haben, wenn Sie die Indikationen einer Blütenessenz erfahren. (Denken Sie immer daran zu fragen: »Ist das die Wahrheit?«)*

Nun verwenden Sie das Null-bis-hundert-Diagramm, um herauszufinden, wie viele Tage Sie die Tropfen einzunehmen haben. Wenn Ihr Pendel auf Null zeigt, dann bedeutet dies, daß Sie das Mittel weniger als einen Tag einnehmen müssen. Immer, wenn Sie daran denken (d. h. wann immer Ihre Intuition Sie daran erinnert), nehmen Sie einen oder zwei Tropfen (pendeln Sie die genaue Menge aus), während Sie sich auf die Qualitäten der Arznei besinnen.

Vergißmeinnicht ist sehr nützlich, wenn man sich den Namen einer Person, einen wichtigen Termin oder seine Träume merken möchte. Mehr und mehr Menschen fangen an, ihre Träume aufzuschreiben, und bemühen sich allein oder gemeinsam mit anderen, deren Bedeutung zu verstehen. Da die Traumdeutung letztlich in der Verantwortung des Träumenden liegt, gibt es keine universell gültige Methode, Träume zu interpretieren.

WASSERSUCHE

Viele Radiästheten (auch ich selbst) sind heute an allen Arten des esoterischen Pendelns interessiert – z. B. beim Heilen, zur Betrachtung der Aura und zum Erpendeln von Erdenergien an heiligen Stätten (siehe Seite 78). Für die bei weitem wichtigste Pendelfertigkeit in den nächsten fünfundzwanzig Jahren auf diesem Planeten halte ich jedoch unsere Fähigkeit, verläßliche Quellen guten Trinkwassers zu finden.

Die Umweltverschmutzung beeinträchtigt auch die Trinkwasserreserven an der Oberfläche unserer Erde. Radiästheten sprechen von einer anderen Quelle mit Wasser, das als das Produkt chemischer Reaktionen in den Tiefen der Erde entstehe. Dieses Wasser wird juveniles oder Tiefenwasser genannt und unterscheidet sich von dem Wasser, das vom Grundwasserspiegel genommen wird. Juveniles Wasser stammt nicht aus dem bekannten Recyclingkreislauf von Verdunstung zu Wolken und Kondensierung als Regen. In gewissem Sinne ist es ganz neues Wasser. Es ist jungfräulich rein und noch nie genutzt worden. Gewöhnlich ist es gut trinkbar. Tiefenwasser ist, was die meisten Wassermuter suchen, wenn sie einen Ort zum Brunnenbohren ermitteln.

Aber wenn Sie dieses juvenile Wasser noch nie gesehen oder seine Anziehungskraft gespürt haben – wie können Sie danach muten? Die Natur hat uns viele verschiedene Zeichen im Pflanzen- und im Tierreich gegeben, die von einer Affinität zwischen unterirdischen Vorkommen dieses besonderen Wassers und gewissen Pflanzen- und Tierarten zeugen. Wenn Sie solche Zeichen zu finden vermögen, können Sie leicht an diesen Orten muten, um Tiefenwasser zu finden. Die Zeichen an der Oberfläche der Erde werden Ihre Mutungssignale bestätigen.

Vielleicht werden Sie nie ernstlich nach einer Wasserquelle für eine Brunnenbohrung muten, aber ich denke, daß Sie beim Ausprobieren der Übungen im Freien die Natur erleben und vielleicht Dinge sehen werden, die Ihnen bisher noch nicht aufgefallen sind. Sie werden auch anfangen, die Energien der Erde zu erleben.

Manche Menschen sagen, es sei bereits zu spät. Wir haben so viele giftige Chemikalien auf die Oberfläche unseres Globus geschüttet, daß das Trinkwasser im Grundwasserspiegel bereits unwiderruflich verseucht sei. Dies mag so sein oder auch nicht; Radiästheten jedoch wissen, wie sie weiteren Nachschub finden können aus einer Quelle, die nicht im Himmel ist, und auch nicht Teil des bekannten Wasserkreislaufs: Regen fällt aufs Land, fließt in Seen oder Meere, verdunstet, steigt auf, bildet Wolken und kondensiert wieder zu Regen.

Wenn Sie in der Schule Chemieunterricht hatten, wissen Sie, daß Wasser ein Nebenprodukt vieler chemischer Prozesse ist. Eine der elementaren Reaktionen ist, daß eine Säure (zum Beispiel Salzsäure) plus eine Lauge (zum Beispiel Ätznatron) ein Salz (in diesem Falle Meersalz oder Natriumchlorid) plus Wasser ergeben ($HCl + NaOH = NaCl + H_2O$). Chemische Reaktionen finden in den Tiefen unseres Planeten ständig statt, wo das Magma im Erdinnern die Feuerenergie zur Vereinigung solcher Chemikalien liefert. Das wäßrige Nebenprodukt verwandelt sich in Dampf, der rasch vor der Hitze flüchtet. Während der Dampf sich ausdehnt, findet er Spalten oder Risse in Mantel oder Kruste der Erde, und unter dem Druck von unten kühlt er sich ab, wird Wasser und kommt zur Oberfläche empor, manchmal in Form sprudelnder Mineralquellen.

In den meisten Fällen erreicht dieses Wasser, das durch Räume und Formationen emporsteigt, die die Geologen als Dome und Radiästheten als blinde Brunnen bezeichnen, nie die Oberfläche, sondern wird auf seinem Weg nach oben durch eine undurchdringliche Materialschicht (z. B. Ton) irgendwo abgeschnitten. Dann tritt es auf verschieden tiefen Ebenen als unterirdische Wasserader aus, wo immer es Spalten im Gestein findet. Radiästheten gebrauchen das Wort *Ader*, um einen unterirdischen Wasserlauf zu bezeichnen. Der Dom ist das Herz, und die Adern gleichsam die Blutgefäße.

Von oben betrachtet, von der Oberfläche der Erde, sieht diese Dom- und Aderstruktur aus wie eine dicke, runde Spinne mit einer ungeraden Anzahl von Beinen – häufig fünf, aber ich habe auch schon einmal bis zu dreizehn gesehen.

Gelegentlich erreicht juveniles Wasser tatsächlich die Erdoberfläche. Diese Stätten wurden von unseren Ahnen heilige Quellen genannt. In vielen Fällen tragen die speziellen Wässer einige der anderen Nebenprodukte chemischer Reaktionen. Solche Quellen sind bekannt für ihren Mineralgehalt. Chalice Well (Kelchquelle) in Glastonbury, England, ist bekannt wegen ihres stark eisenhaltigen Wassers. Obwohl es recht klar aussieht, hinterläßt es auf dem Stein dunkelrote Flecken. In einem wunderschönen Garten, der gegen eine geringe Eintrittsgebühr für alle offensteht, ist Chalice Well ein Ort natürlichen Friedens. Die Wasser, die reinigen, heiligen und manchmal auch heilen, werden von Tausenden von Pilgern jedes Jahr aufgesucht. Jeder Kontinent auf Erden hat Quellen heiligen Tiefenwassers, die schon vor Jahrtausenden als heilig erkannt worden waren.

Juveniles Wasser, das die Erdoberfläche nicht erreicht, ist für die Wassersucher unter den Radiästheten von Interesse, die nach einer »guten Wasserader« suchen. Juveniles Wasser ist nie Teil des Grundwasservorrats gewesen. Die »reiferen« Grundwasser können durch menschlichen Einfluß verschmutzt und verseucht sein. Tiefenwasser war diesen Vergiftungen noch nicht ausgesetzt.

In Vermont, wo die Zentrale der American Society of Dowsers ihren Sitz hat, suchen Wassersucher nach juvenilem Wasser in Adern, die zwischen 15 und 75 Metern unter der Erdoberfläche verlaufen. Alles jenseits von 120 Meter Tiefe wird als Zeitvergeudung betrachtet, aber es gibt einige wenige gute Brunnen, die sogar noch tiefer reichen. Der beste Ort zum Bohren ist ein Kreuzungspunkt, wo zwei Adern guten Trinkwassers sich kreuzen, die zusammen rund ums Jahr mindestens 20 Liter pro Minute abgeben. Unter »einander kreuzend« verstehe ich nicht, daß beide Wasseradern in der gleichen Tiefe unter der Erde verlaufen. Die Adern sind normalerweise in unterschiedlichen Tiefen. Die Bohrung, die von der Oberfläche hinabdringt, trifft die beiden Wasserläufe in unterschiedlichen Tiefen. Wenn Sie gezielt an einer Kreuzungsstelle von Wasseradern bohren, verdoppeln Sie Ihre Chance, auf Wasser zu stoßen.

Wenn, wie ich glaube, die Fähigkeit, solche Kreuzungen von Adern juvenilen Wassers zu finden, so wichtig werden wird – wie können Sie dann lernen, selbst danach zu muten?

Die beste Methode ist natürlich, sich einem erfahrenen Radiästheten oder Rutengänger anzuschließen oder Kurse von einer der radiästhetischen Organisationen zu besuchen, die sich besonders mit dem Wassersuchen befassen. Einige der Vereinigungen, die auf Seite 123 am Ende dieses Buches genannt sind, bieten solche Kurse an.

Sie können jedoch auch selbst lernen, nach Wasser zu muten, und es gibt mehrere Hinweise in der Natur, die Ihnen helfen können, mindestens einen unterirdischen Wasserlauf des Tiefenwassers zu finden. Dies erfordert, daß Sie hinaus aufs Land gehen – und Sie werden überrascht sein, was Sie dort finden. Viele Insekten wählen den Ort für Ihr Heim über Wasseradern oder Kreuzungen solcher Wasserläufe. Rutengänger haben herausgefunden, daß Ameisen ihre Hügel über Tiefenwasser bauen. Meines Wissens sind auch Termitenhügel über juvenilem Wasser zu finden. Wilde Bienen plazieren die Eingänge zu ihren Stöcken über juveniles Wasser, und wenn sie ausschwärmen, wird der Schwarm ebenfalls über juvenilem Wasser zu finden sein.

Viele Tiere legen die Öffnungen ihrer unterirdischen Baue und Höhlen über Tiefenwasseradern. Ich habe das ausgependelt beim amerikanischen Murmeltier, bei Schlangen, Waldmurmeltieren, Dachsen, Füchsen und dem Bau des Präriehundes – sie alle lagen über Wasseradern.

Rehe scheinen juveniles Wasser zu lieben. Sind Sie einmal durch eine Wiese mit hohem Gras gegangen und auf eine »Rehform« gestoßen? Das Gras ist vom Eindruck des schlafenden Tieres plattgedrückt. Unter solchen Stellen ist immer juveniles Wasser. Während der Paarungszeit geht der Rehbock – so sicher wie der Hund an jedem Hydranten sein Bein hebt – die Grenzen seines Reviers ab und uriniert an verschiedenen, bestimmten Orten, um den Harn dann in die Erde zu scharren. Im Herbst können Sie diese Stellen als kreisrunde Flecken kahler Erde auf dem laubbedeckten Herbstboden erkennen. Jagdaufseher nennen solche Stellen »Hirschpfoten«. Rutengänger wissen, daß sie über Tiefenwasserdomen liegen.

Haben Sie eine Katze? Hat diese einen oder zwei Lieblingsplätze im Haus? Solche Stellen, die Katzen zu lieben scheinen, sind oft über juvenilem Wasser. Ich schlief eine Nacht im Gästezimmer der Wohnung eines Freundes. Seine Katze bestand darauf, in der rechten unteren Ecke des Bettes zu schlafen. Am Morgen pendelte ich und fand den Grund heraus. Die Katze fühlte sich hingezogen zu einem Punkt, unter dem sich zwei unterirdische Wasseradern kreuzten. Diese Kreuzungsstellen scheinen das Wohlbehagen einer Katze mehr als zu verdoppeln.

Es gibt auch verschiedene Pflanzen, die wildwachsend mit Vorliebe über unterirdischem Tiefenwasser wurzeln. Der Wacholder ist einer der ersten größeren Büsche, die sich auf einer Weide ansiedeln, wenn man das Land sich selbst und der Natur überläßt. Wacholder wächst aus der Mitte heraus. Manchmal stirbt der zentrale Busch ab, während der äußere Ring weiter gedeiht. Wacholder wurzelt am liebsten über Wasserdomen. Ich habe auch Wicken, ein beachtliches Unkraut in den Gärten Vermonts, in einem Ring über einem Dom wachsen sehen, und kleine englische Gänseblümchen in Kreisen über unterirdischen Wasseraderkreuzungen. »Hexenringe« aus Pilzen sind ein weiteres Anzeichen von unterirdischen Wasservorkommen in der Natur.

Die Laubbäume in Vermont wachsen, wenn sie genügend Platz haben, hoch und kräftig. Die Zweige strecken sich langsam nach außen und aufwärts, vom Stamme weg. Manchmal, aus keinem offensichtlichen Grunde (außer daß eine Ader von juvenilem Wasser direkt unter dem Stamm verläuft), zeigen die Äste plötzlich gerade nach oben, im rechten Winkel zu ihrer anfänglichen Wuchsrichtung. Manche Bäume zeigen diesen 90°-Winkel in den Ästen überall, um den ganzen Stamm herum. Oft beherrscht ein solcher Baum den umgebenden Wald.

Die amerikanischen Ureinwohner nannten solche Bäume die »Ratsbäume«, weil man unter ihren Ästen dereinst Rat hielt. Ähnlich sind das angelsächsische *moot* oder das nordische *ting* die Versammlungsstätten, an denen man Rat hielt.

Vielleicht kennen Sie einen Platz, wo eine natürliche Quelle zutage tritt. Vielleicht haben Sie auch schon ein tierisches oder pflanzliches Anzeichen an der Erdoberfläche gesehen, das auf eine unterirdische Wasserader hinweisen könnte. Während dieses Wasser nicht unbedingt Tiefenwasser ist, kann es Ihnen etwas zum Übungsmaterial für die folgende Aufgabe liefern.

Wenn Sie eines der genannten Phänomene oder einen Ort in der Nähe kennen, wie ich ihn gerade beschrieben habe, dann gehen Sie dorthin. Nehmen Sie Ihr Pendel hervor, und vollziehen Sie – das ist an einer heiligen Stätte besonders wichtig – die Vorbereitungsschritte: »Dies ist, was ich tun will. Kann ich? Darf ich? Bin ich bereit?« Dann fragen Sie sich: »Ist hier eine Ader oder ein Dom, der das Ziel markiert, das ich hier untersuche?« (Sie können den Namen der Pflanze, der tierischen Spur oder der heiligen Stätte anstelle des Wortes »Ziel« im vorangegangenen Satz einfügen.) Wenn die Antwort ja *ist, fragen Sie: »Ist das die Wahrheit?« Wenn es immer noch* ja *ist, fahren Sie folgendermaßen fort:*

Besinnen Sie sich in Gedanken noch einmal darauf, wie Ihr Pendel reagiert, wenn Sie sich in der Suchposition einem Ziel nähern (Suchposition – Ellipse – Kreis – Ellipse...). Mit Ihrem Pendel in der Suchposition *sagen Sie zu sich: »Ich suche nach einer Ader juvenilen Wassers«, und beginnen Sie, langsam um Ihr Ziel zu schreiten. Wenn alles soweit in Ordnung ist, sollten Sie die Ellipse/Kreis/Ellipse-Reaktion mindestens zweimal festgestellt haben, während Sie um das Ziel gegangen sind. Dies würde bedeuten, daß es eine Ader von Tiefenwasser gibt, die unter Ihrem Ziel durchfließt. Wenn es zu mehr solcher Reaktionen kommt, während Sie um Ihr Ziel schreiten, gibt es mehr Wasseradern. Wenn es eine gerade Zahl solcher Reaktionen ist (sagen wir: sechs), bedeutet dies, daß Sie auf eine Kreuzung von (drei) Wasseradern gestoßen sind. Andererseits, wenn Sie eine ungerade Zahl von Reaktionen haben – die Zahl fünf ist hier in Vermont recht häufig anzutreffen – würde dies bedeuten, daß Sie um die Außenseite eines Domes gehen, der in diesem Falle fünf Ausflüsse besitzt.*

ANWENDUNGSMÖGLICHKEITEN

Im letzten Kapitel sagte ich, daß es im Grunde nicht darauf ankommt, in welcher Richtung Ihr Pendel bei der Ellipse/Kreis/Ellipse-Folge rotiert, ob im Uhrzeigersinn oder im Gegenuhrzeigersinn. Fließende Adern unterirdischen Wassers haben eine Yin- oder Minus-Ladung. Vielleicht werden Sie feststellen, daß Ihr Pendel bei elliptischer und Kreisbewegung im Gegenuhrzeigersinn rotiert, was die Ladung des Zieles anzeigen würde.

Gehen Sie mehrere Male über die Ader(n) des Tiefenwassers, um zu lernen, wie sie sich anfühlen. Versuchen Sie es erneut, etwas weiter entfernt. Finden Sie immer noch die gleiche Anzahl von Wasseradern?

Können Sie eine von ihnen verfolgen? Stellen Sie sich direkt über die Ader. Mit Ihrem Pendel in der Suchposition *fragen Sie: »Welche Richtung ist stromaufwärts?«*

Der Pendelausschlag wird Sie in die Richtung weisen. Während Sie in diese Richtung gehen, beobachten Sie weiterhin Ihren Pendelausschlag. Wenn die Wasserader eine Biegung hat, wechselt auch der Pendelausschlag seine Richtung. Sie können unterirdischen Röhren und Leitungen auf die gleiche Weise folgen.

AUF DER SUCHE NACH TRINKWASSER

Wie bereits gesagt, habe ich das Gefühl, daß die Suche nach gutem Trinkwasser nur ein Aspekt der Welt des Mutens ist. Aber in den nächsten Jahren wird aufgrund der zunehmenden Verschmutzung unseres Oberflächenwassers die Fähigkeit, juveniles Wasser zu finden, wohl der gefragteste Dienst sein, den man als Radiästhet zu bieten haben wird.

Wenn Sie auf die Suche nach einer Wasserquelle gehen, fragen Sie zuerst nach der Kreuzung von zwei oder mehr Tiefenwasseradern, die sowohl Trinkwasserqualität führen, weniger als 75 Meter tief unter der Erde sind, mindestens 20 Liter Wasser pro Minute liefern (das ist mehr als genug für die meisten privaten Haushalte) und das ganze Jahr hindurch fließen.

Lassen Sie sich mit Hilfe der Einpendel- und der Triangulationstechnik zu der Quelle führen, wo die Ellipse/Kreis/Ellipse-Bewegungen Ihres Pendels Ihnen sagen werden, daß Sie über dem Ziel sind. Finden Sie heraus, wie viele Wasseradern an diesem Punkt kreuzen. Bohren Sie niemals in einen Dom! Der mächtige Luftdruck auf die Erdoberfläche wird das Dach des Domes hinabdrücken, bis der Wasserdruck gleich dem Luftdruck ist. Das Endresultat ist, daß Sie das Wasser verlieren.

Muten Sie statt dessen nach den Adern, die aus einem Dom hervorkommen. Es ist immer eine ungerade Zahl von Wasseradern, die aus einem Dom kommen. Am besten suchen Sie nach einer Stelle, an der zwei solche Adern einander (in unterschiedlichen Tiefen) kreuzen. Zwei Adern, die sich kreuzen, sehen auf der Erdoberfläche aus wie ein »X«, aber die eine kann der Erdoberfläche viel näher sein als die andere.

Nun ist es an der Zeit, die Tiefe zu bestimmen. Mit Ihrem Pendel in der Suchposition *fragen Sie:* »Ist es mehr als 10 Meter bis zum oberen Rand der oberen Ader?« Wenn Ihr Pendel *ja* sagt, *fragen Sie weiter:* »Ist es mehr als 30 Meter?« – Ja. – »50?« – Nein.

Nun wissen Sie intuitiv, daß die Tiefe zwischen 30 und 50 Metern ist. Achten Sie darauf, daß ich in der zweiten und der dritten Frage die Worte »bis zum oberen Rand der oberen Ader« ausgelassen habe, beim drittenmal fragte ich nicht: »Ist es mehr als...«, sondern nur noch: »50?«

Juveniles oder Tiefenwasser steigt aus den Tiefen der Erde durch vertikale Spalten im Erdmantel empor, die Dome genannt werden (rechts). Wenn das Wasser im Dom auf eine undurchdringliche Schicht trifft, fließt es in Form von Wasseradern durch kleinere Spalten an der Seite des Domes aus. Von oben sieht ein Dom mit seinen Wasseradern aus wie eine Spinne (unten).

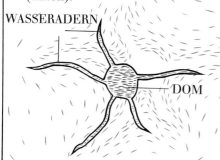

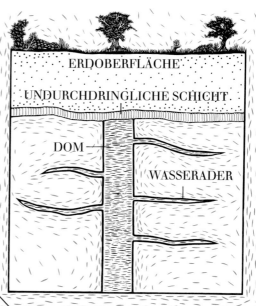

Das ist »Stenographie« beim Muten. Manchmal, wenn Sie als Radiästhet eine Reihe ähnlicher Fragen stellen, können Sie die Fragen auf diese Weise abkürzen, um Zeit zu sparen. Im Zusammenhang dessen, was bei den obigen Fragen nach der Tiefe gemeint war, bedeutete »50?«: »Sind es mehr als fünfzig Meter bis zum oberen Rand der oberen der beiden Adern von juvenilem Wasser, die sich an diesem Punkte kreuzen?« Die höhere Ader ist also irgendwo zwischen 30 und 50 Metern unter der Erdoberfläche.

Wenn Sie hinsichtlich der Tiefe genauer sein wollen, können Sie Ihre Frage entsprechend formulieren. Sie können auch das Null-bis-hundert-Diagramm verwenden. Mit Ihrem Pendel im Angelpunkt des Fächers stellen Sie die Frage: »Wie viele Meter mehr als 30 ist es bis zum oberen Rand der höheren der beiden Wasseradern, die sich an dieser Stelle kreuzen?« Der Pendelausschlag wird bei 30 beginnen und im Gegenuhrzeigersinn bis, sagen wir, 43 gehen. Die ganze Tiefe bis zum oberen Rand der ersten Wasserader beträgt also 43 Meter.

Mit Hilfe der gleichen Technik können Sie auch die Tiefe der oberen Kante der tieferen der beiden Adern finden. Ihr Brunnenbauer braucht dann nur ein wenig tiefer als dieses Maß zu bohren.

Ein Wassersucher muß auch fähig sein, die minütliche Literleistung zu ermitteln, die der Brunnenbesitzer von dieser Quelle erwarten kann. Dies wird mit der gleichen »mehr als/weniger als«-Technik erreicht, die wir bei der Tiefenermittlung angewendet haben. Fangen Sie an mit fünf Litern, zehn, fünfzehn... Wenn Sie bei fünfzig Litern angelangt sind, gehen Sie in Fünfzigerschritten weiter, bis Sie ein Nein *erhalten. Dann ermitteln Sie das genaue Maß durch Fünfliterstufen, wie im letzten Tiefenbeispiel. Sie können auch das Null-bis-hundert-Diagramm einsetzen.*

Sie sind nun soweit, daß Sie einen Stab in die Erde schlagen können, um dem Brunnenbauer zu zeigen, wo er die Bohrung ansetzen soll. Stellen Sie die Spitze des Stabes auf die Erde und fragen Sie. »Ist das der beste Punkt, um den Bohrer für den Brunnen anzusetzen?« – Ja. – »Ist das die Wahrheit?« – Ja. – Sie haben es geschafft!

Nun packen Sie es an. Wie alle Radiästheten haben auch Rutengänger auf der Suche nach Wasser nicht jedesmal Erfolg. Auch Ihnen wird es nicht anders gehen. Aber wenn Sie die Fertigkeiten entwickeln können, in zumindest 85 %

der Fälle sauberes Trinkwasser zu finden – was vielen erfahrenen Wassersuchern möglich ist –, dann werden Sie einen wertvollen Dienst anzubieten haben, besonders in den nächsten 50 oder mehr Jahren.

Weitere praktische Hinweise

Als Radiästhet können Sie alles suchen und finden, woran Sie nur zu denken vermögen. In den Vereinigten Staaten verwenden viele Stadtbehörden regelmäßig L-Ruten (ein weiteres Mutungswerkzeug, wird in Kapitel 5 besprochen), um unterirdische Rohr- oder elektrische Leitungen zu finden. Interessanterweise überlegen diese Stadtverwaltungen im allgemeinen nicht, daß es sich dabei um Muten handelt. Sie erklären, daß einige ihrer Angestellten fähig sind, mit L-Ruten recht erfolgreich zu »arbeiten«. Das Entscheidende ist dabei, daß L-Ruten wirkungsvolle Instrumente sind, um unterirdische Rohrleitungen in den Teilen der Stadt zu finden, von denen keine kartografische Erfassung der Leitungsnetze vorliegt. Sie können mit Hilfe Ihres Pendels und eines Stadtplans das gleiche versuchen.

Manche Radiästheten verwenden ein Pendel, wenn Sie nach Kristallen, Mineralien und Fossilien suchen. Ich gebrauche manchmal mein Pendel, um herauszufinden, wie viele Menschen zu einem Vortrag oder Seminar kommen werden. Wie wäre es damit, das Pendel zu fragen, wann die Kartoffeln gar sind, die Sie gerade kochen?

Sie möchten vielleicht auch zu muten versuchen, um Tiere oder Vögel zu finden, wenn Sie durch den Wald gehen. Oder Sie gehen auf die Suche nach einer Forelle, die sich am Ufer eines tiefen Sees verborgen hat.

Sie wissen, daß es dort eine riesige Forelle gibt. Der erste Angelauswurf ist der wichtigste. Wo also ist der große Fisch? Sie können den Köder als Pendel am Ende Ihrer Angelrute verwenden, und sich von seiner Pendelrichtung zeigen zu lassen, wohin Sie auswerfen müssen, um in die Nähe des dicken Fischs zu gelangen.

Einige meiner Bekannten sind recht erfolgreich beim Ermitteln der Stellen, an denen unterirdische Rohre undicht oder blockiert sind. Zuerst zeichnen Sie eine Karte mit dem Verlauf der Rohre, dann gehen Sie auf der Suche nach dem Leck oder der Blockade der Linie entlang. Sie können das in der nächsten Übung selbst versuchen.

Finden Sie eine unterirdische Rohrleitung in der Nähe Ihres Hauses. Mit dem Pendel und mit Hilfe der Ausschlagsrichtung finden Sie heraus, wo sie verläuft. Nun fragen Sie Ihr Pendel, wo die Nahtstellen in der Leitung sind, oder die Stellen, an denen zwei verschiedene Rohrstücke aufeinanderstoßen. Gehen Sie mit dem Pendel in der Suchposition *der Leitung entlang. Jedesmal, wenn Sie sich einer Verbindungsstelle in der Leitung nähern, wird das Pendel aus der Suchposition* in eine Kreisbewegung im Uhrzeigersinn *übergehen. Wenn das Pendel im ganzen Kreis schwingt, werden Sie direkt über einer Nahtstelle im Rohr stehen. Sie könnten Ihre Resultate aufzeichnen und darauf zurückkommen, wann immer es notwendig ist, die Rohrleitung erneut zu untersuchen.*

Nach einem Leck oder einer Blockade in Röhren zu suchen, ist der gleiche Vorgang. Da Sie auspendeln können, wo und wie tief die Klempner graben sollen (nach der Technik, die ich auf Seite 90 erklärt habe), kann durch Ihre Fertigkeit eine Menge Geld gespart werden.

Heilige Stätten der alten Zeit

Viele Leser dieses Buches werden von einer uralten heiligen Stätte in der Nähe ihres Wohnorts wissen. Wo in Ihrer Nähe lebten Menschen schon vor langer Zeit? Woran sind die ihnen heiligen Stätten zu erkennen? Es gibt zahlreiche heilige Stätten in jedem Land, in dem dieses Buch veröffentlicht wird. Von heiligen Quellen und Skulpturen über enorme Kulthügel (von Tieren, Menschen und »Außerirdischen«) und interirdische Kammern, die nach dem Punkt der Sonnenwende oder Tagundnachtgleiche ausgerichtet sind, bis hin zu steinernen Medizinrädern und Steinkreisen haben die Völker der Erde heilige Stätten auf viele verschiedene Weisen markiert. Weil solche Stätten heilig sind, ist es wichtig, sich ihnen in der richtigen Haltung zu nähern. Wenn Sie erwarten, aus einem solchen Ort zu lernen, dann müssen Sie mit Ehrfurcht im Herzen kommen.

Man kann mit Hilfe von Techniken des Mutens alles mögliche über den heiligen Raum lernen. Das erste, wonach Sie suchen können, ist juveniles

Wasser. Je größer die heilige Stätte, desto mehr Wasser wird dort vermutlich zu finden sein. Vielleicht werden Sie auf einen Dom stoßen und feststellen, daß er sich an einer besonderen Stelle innerhalb der heiligen Stätte befindet. Unterirdisches Wasser ist Yin oder negativ und wird in der radiästhetischen Literatur seit den dreißiger Jahren dieses Jahrhunderts beschrieben.

In den zwanziger Jahren schrieb ein Engländer namens Alfred Watkins ein Buch mit dem Titel *The Old Straight Track*, in dem er von der Entdeckung von Aufreihungen uralter heiliger Stätten in ganz England berichtete. Solche Markierungen rangierten von stehenden Steinen und megalithischen Steinkreisen über heilige Quellen und bronzezeitliche, runde Hügelgräber, Hügelbefestigungen aus der Eisenzeit bis zu den Türmen angelsächsischer Kirchen und gotischer Kathedralen. Gerade Linien quer übers Land verbinden heilige Stätten miteinander; sie werden »Feldlinien« (ley lines) genannt. Hindernisläufe (Steeplechase), das Reiten zu Pferde in einer geraden Linie von einem Kirchturm zum nächsten, »komme Hölle oder tiefes Wasser«, ist ein Überbleibsel des alten Wissens über Feldlinien. Eine Feldlinie wird definiert als die Anordnung von mindestens fünf heiligen Stätten, deren jede juveniles Wasser unter sich hat. Feldlinien sind auf nahezu jedem Kontinent der Erde zu finden.

Diese Feldlinien werden manchmal von einem Streifen Yang- oder positiver Energie begleitet, Energiefeld genannt. Ein bis zwei Meter breite Streifen von Yang-Energie verlaufen wie Meridiane oder Kapillaren überall über die Oberfläche der Erde, tragen Nahrung in verschiedenen Formen aufs Land und zu den Bewohnern der Gegend. An jeder alten heiligen Stätte wird zumindest eines dieser Energiefelder zu finden sein, und es wird längs der Hauptachse der Stätte verlaufen.

Wenn Sie in der Nähe einer bekannten heiligen Stätte aus alter Zeit leben, dann gehen Sie mit Ehrfurcht dorthin, und versuchen Sie ein Energiefeld zu erpendeln. Fragen Sie Ihr Pendel nach der Position des nächsten. Gehen Sie zum Rand des Energiefeldes. Wie fühlt es sich an? Können Sie eine Reaktion oder körperliche Wahrnehmung spüren? Überschreiten Sie den äußeren Rand, gewöhnlich ein bis zwei Meter entfernt, wenden Sie sich um, und pendeln Sie auch hier.

Die Energie fließt wie ein Fluß und hat eine deutliche Flußrichtung. Sie können dies durch Fragen feststellen: »Welche Richtung ist stromabwärts?« Der wandernde Pendelausschlag wird Ihnen den Weg weisen. Das Energiekraftzentrum der heiligen Stätte ist an der Stelle, wo das Tiefenwasser (Dome, Adern) und die Energielinien sich kreuzen. Das ist ein größerer Platz und an jedem dieser Orte festzustellen. Manche Orte der Kraft besitzen mehr als ein Kraftzentrum.

Beim Pendeln über dem Rand eines Energiefeldes sind Sie vom Physischen ins Nichtphysische gegangen, vom Pendeln nach greifbaren Zielen zum Muten nicht faßbarer Gegebenheiten. Sie können eine Feldlinie erkennen an der Aufreihung weiterer heiligen Stätten, sei es auf einer Landkarte oder über Land. Aber ein Energiefeld können Sie nicht berühren, sehen, hören, riechen oder schmecken; es bringt auch nicht den Zeiger an einem wissenschaftlichen Instrument zum Ausschlag. Viele Radiästheten wissen jedoch intuitiv, daß sie existieren.

Wenn ich mich einem Kraftzentrum mit dem Pendel nähere, ist das erste, was ich feststelle, daß mir ein leichter Schauer über den Nacken läuft. Wenn ich dem genauen Punkt näher und näher komme, ändert sich die Bewegung meines Pendels nicht nur von der Ellipse zu einem Kreis, sondern die Rotationsgeschwindigkeit und -kraft nimmt zu, bis es fast waagrecht kreist. Diese Zunahme der Geschwindigkeit ist fast wie ein Vergleichsmaßstab. Je größer das Tempo, desto mehr Energien wirken an diesem bestimmten Kraftzentrum.

Denken Sie daran: Es gibt so viele Möglichkeiten, eine heilige Stätte mit dem Pendel zu untersuchen, wie es Pendler gibt. Jedermann sieht diese nicht faßbaren Ziele ein wenig anders. Halten Sie sich an das, was Sie »sehen«, erpendeln. Ihre intuitive Erfahrung kann Sie eine Menge lehren.

Kapitel 6

Weitere Instrumente zum Muten

Bevor wir weitergehen und andere Arten von Instrumenten zum Muten besprechen, ist es vielleicht hilfreich, die verschiedenen Pendel zu betrachten, die auf dem Markt sind. Während eine Sechskantmutter am Ende eines Fadens für viele Anwendungen gut genug ist, braucht man, um über Diagrammen zu arbeiten, ein Pendel mit einer Spitze am Ende.

Zu den wohl interessanteren Varianten gehört das Pendel mit einer »Zeugenkammer«, einem kleinen Hohlraum im Inneren, in den der Mutende eine Probe des gesuchten Materials geben kann. Wenn man nach Erdöl sucht, würde man etwas hochwertiges Rohöl hineingeben. Auf der Suche nach einem vermißten Kind kann man einige Haare des Kindes von dessen Haarbürste verwenden. Manche Pendler fühlen, daß diese »Probe« ihnen hilft, sich bei ihrer Bemühung zu konzentrieren. (Ich selbst meine: Wenn Sie selbst spüren, daß es Ihnen hilft, dann hilft es Ihnen. Das Gegenteil ist ebenfalls wahr.)

Pendler benutzen alle Arten von Pendeln. Manche haben das Gefühl, daß Berg- oder anderer Kristall ein besseres Pendel abgibt, andere schwören auf Holz. Wieder andere bevorzugen eine flache, schwere Form. Manche wollen das Pendel lang, dünn und relativ leicht. Ich erinnere mich an eines meiner erfolgreicheren Pendel: ein Stein, den ich an einen langen Löwenzahnstiel gebunden hatte.

Technisch betrachtet, ist ein Pendel ein balanciertes Gewicht am Ende eines Fadens, aber in der Praxis sind der Variationen Legion, und letztlich muß jeder Pendler für sich selbst entscheiden, was für ihn am besten ist.

Das Pendel ist nicht das einzige Werkzeug zum Muten, das Sie benutzen können. Es gibt vier Haupttypen oder -klassen von Instrumenten, von denen das Pendel nur eines ist. Die anderen drei sind Y-Ruten, Nicker und L-Ruten. Wir werden sie alle besprechen, und einige Übungen vorschlagen, um Sie mit ihren Funktionen vertraut zu machen.

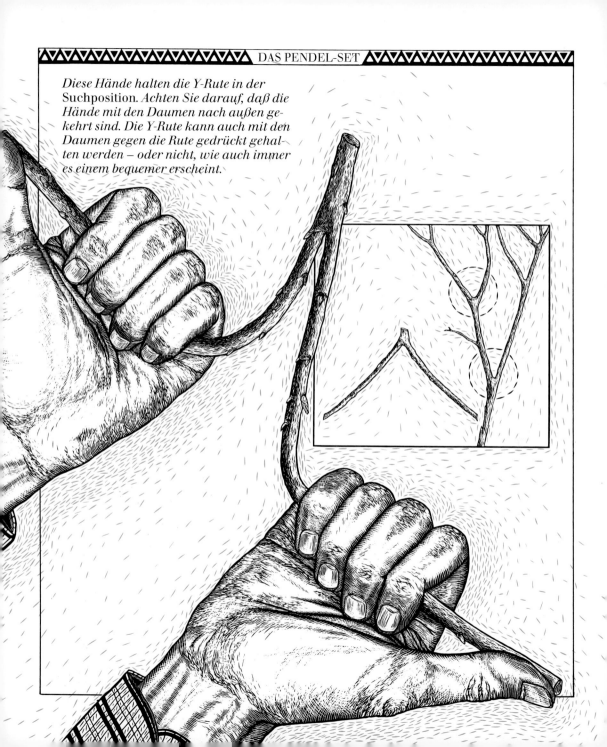

DIE Y-RUTE

Den meisten Menschen ist die Y-Rute als archtypisches Mutungswerkzeug wohl vertrauter als das Pendel. Die alte Astgabel vom Apfelbaum wurde seit Hunderten von Jahren verwendet, um Wasser zu finden. Ich lebe in Neuengland, im nordöstlichen Teil der Vereinigten Staaten, und hier ist die Y-Rute das Instrument der Wahl für die meisten Radiästheten. Manche sagen, daß nur Apfelholz funktioniere. Andere schwören auf Weidenruten. Ich habe festgestellt, daß jedes biegsame, gegabelte Stück jungen, grünen Holzes bei mir funktioniert, und wenn es erst funktioniert, dann ist es unmöglich, es in der *Suchposition* festzuhalten, wenn ich über dem Ziel bin.

Um die Y-Rute selbst auszuprobieren, gehen Sie hinaus und finden Sie einen Baum mit Zweigen, die so dick sind wie Ihr kleiner Finger. Suchen Sie nach einer Gabelung, einem Y, das möglichst gleichseitig ist. Nehmen Sie kein Y, bei dem die beiden Seiten einen rechten Winkel zueinander bilden. Die Zweige sollten sich ab der Gabelung gleichmäßig voneinander entfernen. Schneiden Sie den Zweig ungefähr fünf Zentimeter stammwärts von der Stelle, wo die beiden Arme zusammenkommen, ab. Die Arme selbst können ungefähr 45 Zentimeter lang sein.

Es gibt nur zwei Positionen für die Y-Rute – die Suchposition *und* Hier *(die ist der Punkt, nach dem man sucht). Die* Suchposition *entsteht, indem man beide Arme mit den Handflächen nach oben und Daumen nach außen hält. Halten Sie die Y-Rute mit der Spitze nach oben. Sie werden die* Suchposition *intuitiv finden, wenn Sie den Eindruck haben, in der Mitte zwischen der rückwärts, gesichtswärts schnellenden Rute oder dem Vorwärtsausschlag in Richtung Erde zu sein. In den Vereinigten Staaten sagen die meisten Y-Ruten-Gänger, daß die ausschlagende Rute von ihrer Brust in Richtung Erde schnellt. In Großbritannien dagegen äußern viele Rutengänger, daß die Rute zu ihnen her ausschlage. Sie verwenden Y-Ruten mit kürzeren Armen, damit sie ihnen nicht ins Gesicht schlagen. Soweit ich sagen kann – es gilt ebenso wie für die unterschiedlichen Signalmöglichkeiten des Pendels – ist dies eine persönliche Präferenz (oder die Präferenz des Lehrers), die entscheidet, in welche Richtung die Rute ausschlägt.*

Versuchen Sie zu spüren, wie die Rute für Sie arbeitet. Nehmen Sie ein langes Stück Bindfaden und legen Sie es in einer geraden Linie von links nach rechts

DAS PENDEL-SET

vor sich auf den Fußboden. Stehen Sie auf, und halten Sie die Y-Rute in der *Suchposition* (Daumen nach außen). Sagen Sie zu Ihrer Rute: »Ich will, daß du nach unten gehst, wenn ich diese Schnur überquere, und ich will, daß du direkt auf die Schnur zeigst.«

Gehen Sie auf die Schnur zu, und Sie merken, daß – schon bevor Sie an der Linie angelangt sind – die Rute in Ihren Händen zu ziehen beginnt. Halten Sie das Holz fest in den Händen. Die Rute wird sich drehen zur *Hier-Position*. Sie werden sie nicht daran hindern können. Manchmal dreht sich die Rute mit solcher Heftigkeit, daß die Rinde abreißt und in Ihren Händen zurückbleibt.

Wenn es beim erstenmal nicht klappt, dann versuchen Sie es noch einige Male. Konzentrieren Sie sich auf das, was Sie die Rute bitten. Wenn diese – wie ein widerspenstiges Pendel – immer noch nicht nach unten gehen will, müssen Sie ihr zeigen, was Sie von ihr verlangen. Gehen Sie wieder über die Schnur, doch diesmal drehen Sie die Rute dabei nach unten. Tun Sie dies mehrere Male. Prägen Sie der Rute und sich selbst ein, daß dies die Reaktion ist, die Sie erwarten.

Nun versuchen Sie es noch einmal, ohne die Rute nach unten zu zwingen. Sie spüren beim erstenmal vielleicht nur einen schwachen Zug. Versuchen Sie, Ihre Arme mit der Rute in der *Suchposition* hoch über den Kopf zu halten. Dadurch wird die Y-Rute noch viel empfindlicher. Beobachten Sie die Rute nicht besonders, spüren Sie ihr nach.

Wenn es immer noch nicht funktioniert, haben Sie zwei Möglichkeiten. Sie können entweder diese Übung eine Woche lang jeden Tag trainieren – bis dahin werden Sie es vermutlich beherrschen –, oder Sie vergessen die Y-Rute für eine Weile und versuchen es mit dem Nicker oder den L-Ruten. Nicht alle Instrumente arbeiten mit allen Radiästheten.

INSTRUMENTE ZUM MUTEN

Der Nicker, eine von einem Baum geschnittene Holzrute oder eine Angelrute, wird am dünneren Ende mit einer oder beiden Händen (abhängig von Gewicht und Länge des Stockes) gehalten. Die schwerere Spitze des Nickers reagiert mit Ja, *indem sie auf und ab nickt, und mit* Nein, *indem sie seitwärts hin- und herschwingt.*

Was die Richtung angeht, in die die Y-Rute ausschlägt, so ist es mir aus zwei Gründen lieber, wenn sie nach vorne reagiert: Erstens bin ich schon einmal von einer Y-Rute gegen die Nase geschlagen worden, und das tut weh. Zweitens finde ich es nützlich, daß die Rute, wenn sie sich nach vorne dreht, nicht nur *hier* anzeigen kann, sondern auch die Richtung. Das ist nützlich, wenn man sich zum Beispiel im Wald verlaufen hat. »In welcher Richtung ist mein Auto?« Halten Sie die Y-Rute in der *Suchposition* und drehen Sie sich langsam im Kreise. Wie ein Arm, der in die korrekte Richtung ausschnellt, wird die Y-Rute nach unten schlagen, wenn sie auf Ihren Wagen zeigt.

Aufgrund meiner Überzeugung bezüglich der drohenden massiven Verschmutzung der Wasservorräte unserer Erde halte ich es für wichtig, daß so viele von uns wie möglich lernen, wie man gutes Trinkwasser finden kann. Die Y-Rute ist ein exzellentes Werkzeug hierfür. Auf der Suche nach einer Stelle zur Bohrung eines Brunnens gibt die besondere Reaktion der Y-Rute, die direkt nach unten zum Boden weist, dem Radiästheten einen genauen Punkt, an dem er beginnen kann. Y-Ruten kann man aus verschiedenen Materialien anfertigen: Apfel-, Weiden-, Kirschbaumholz, sogar auch aus Plastik. Wählen Sie selbst.

DAS PENDEL-SET

DER NICKER

Der Nicker ist ein Werkzeug, das in erster Linie von Wasser- und Ölsuchern verwendet wird; es gibt mehrere verschiedene Versionen. Die bekannteste Form ist eine Angelrute (ohne Schnurrolle), die man am falschen Ende, der Spitze, hält. Um Ihren eigenen Nicker anzufertigen und verwenden zu lernen, führen Sie folgende Übung durch:

Gehen Sie ins Freie und schneiden Sie sich eine Gerte von einem Baum. Schneiden Sie sie ungefähr einen Meter lang. Halten Sie die Rute mit einer oder mit Händen, am dünneren Ende. Das freie Ende soll etwas nach oben zeigen.

Die Ja-Reaktion ist auf und ab, wie die Menschen mit dem Kopf nicken, um ja *zu sagen.* Nein *ist ein Schwanken von Seite zu Seite, wie die Menschen den Kopf schütteln, wenn sie* nein *sagen. Versuchen Sie jetzt selbst. »Zeige mir* ja*.« Wenn er nicht reagiert, dann federn Sie den Nicker auf und ab, um ihn in Bewegung zu bringen. »Dies ist* ja*.« Dann bitten Sie um* nein*. Der Nicker sollte jetzt mit der Auf- und Abwärtsbewegung aufhören und seitwärts schwingen.*

Wenn Sie wissen, wo das Trinkwasser in Ihr Haus kommt, dann stellen Sie sich in Gedanken vor, wo diese Wasserleitung an der Außenseite des Hauses wäre. Gehen Sie mit dem Nicker in der Suchposition *an diese Stelle, halten Sie das dünnere Ende mit der Spitze nach vorn und leicht nach oben.*

Gehen Sie auf das unterirdische Rohr zu. Wenn Sie sich ihm nähern, wird der Nicker anfangen zu nicken. Je näher Sie kommen, desto mehr wird er schwanken. Seine maximale Bewegung wird er erreichen, wenn Sie direkt über dem Rohr sind. Gehen Sie weiter, und das Nicken wird nachlassen. Es ist das gleiche Prinzip wie mit dem Pendel, das von der Suchposition *über eine elliptische in eine Kreisbewegung übergeht über dem Ziel, dann zurück zur Ellipse, wenn Sie weitergehen, und schließlich zurück in Ihre* Suchposition*.*

Nun gehen Sie zurück und stellen Sie sich direkt über das Rohr. Lassen Sie uns die Tiefe der Röhre bestimmen, von der Oberfläche der Erde bis zur Oberseite des Rohres. Bringen Sie den Nicker in eine Aufundabbewegung. (Angenommen, das Rohr ist 2,30 m tief in der Erde:) »Ich will die Tiefe dieser Röhre intuitiv erfahren.« Beginnen Sie mit einem der Abwärtsschwünge der Rute, und zählen Sie einen Nicker für jeden halben Meter. »Ist es mehr als einen halben Meter unter der Erdoberfläche? Einen Meter? Anderthalb? Zwei? Zweieinhalb?« Beim fünften Ausschlag wird der Nicker aufhören, auf und ab zu schwingen, und anfangen, seitwärts zu schlagen. Also muten Sie, daß die Tiefe zwischen der letzten gezählten Zahl und der vorausgegangenen ist.

Erinnern Sie sich an die Frage: »Ist es mehr als...« Der Nicker sagte bei zweieinhalb Metern nein, also ist die gesuchte Wasserleitung zwischen zwei und zweieinhalb Meter tief. Sie bringen die Rute wieder zum senkrechten Schwingen und fragen: »Ist es mehr als 2 Meter? 2,10 Meter? 2,20 Meter? 2,30 Meter?« Wieder beginnt der Nicker, sich seitwärts zu bewegen. »Ist es also 2,30 Meter tief?« Der Nicker nickt ja.

Wenn Sie Ihre Wasserleitung nicht lokalisieren können, wird jede andere Rohr- oder elektrische Leitung den gleichen Zweck erfüllen. Vielleicht können Sie den Abstand zwischen Fußboden und Zimmerdecke ermitteln. Üben Sie es, bis auf den Zentimeter genau.

L-Ruten

Das letzte Werkzeug der Radiästheten ist ein Paar L-Ruten. Dies sind L-förmige Kleiderbügeldrähte in Manschetten, die z. B. aus guten Plastikstrohhalmen bestehen.

Nehmen Sie zwei gleiche Kleiderbügel aus möglichst dickem Draht. Schneiden Sie mit einer Zange jeden Bügel an der Stelle durch, wo der Haken beginnt. Schneiden Sie den Haken und einen Arm kurz nach der ersten seitlichen Ecke ab. Was Ihnen jetzt bleibt, ist ein kurzer und ein langer Arm, die L-förmig gebogen sind. Schneiden Sie einen Trinkhalm aus Plastik etwa zwei Zentimeter kürzer als die Länge des kürzeren Schenkels Ihrer L-Rute. Die Trinkhalme mancher Schnellrestaurants eignen sich aufgrund ihres außerordentlich großen Durchmessers besonders gut. Schieben Sie das Trinkhalmstück über den kürzeren Schenkel und achten Sie darauf, daß dieser sich frei und ungehindert darin drehen kann. Biegen Sie an das Ende des kürzeren Schenkels einen kürzeren L-Winkel, der parallel zu dem längeren Schenkel am anderen Ende des Trinkhalmes ist. Dadurch wird die Trinkhalmhülse gehalten. SEHR WICHTIG: *Biegen Sie auch ungefähr 2–3 Zentimeter vom Ende des längeren Schenkels so, daß sie eine Öse bildet.*

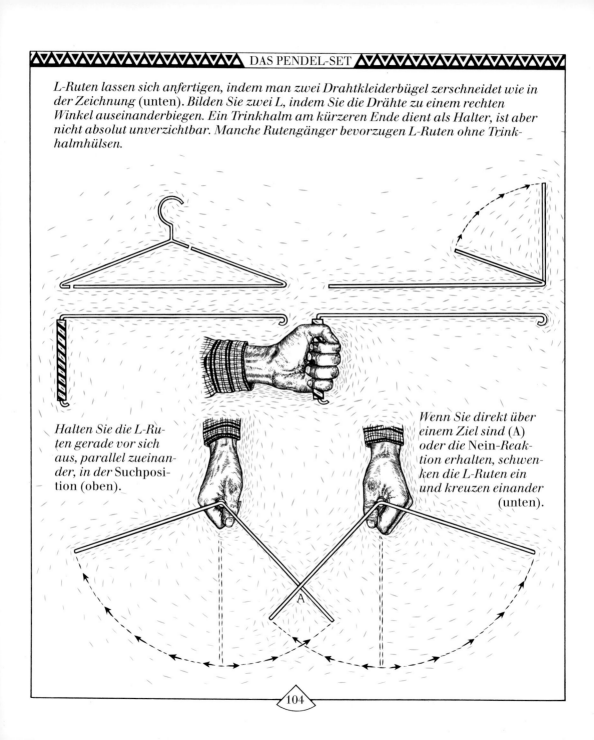

INSTRUMENTE ZUM MUTEN

Gehen Sie zu der unterirdischen Wasserleitung, über der Sie bereits mit dem Nicker gearbeitet haben. Beugen Sie die Ellenbogen und halten Sie die Trinkhalmhülsen so leicht, daß keine Hand den Drahtbügel berührt. Die längeren Schenkel sollen von Ihnen weg weisen, parallel zueinander. Das ist die Suchposition.

Wenn Sie die Handgelenke neigen, werden die Ruten sich einwärtsdrehen, kreuzen und ein X bilden, oder sie drehen sich nach außen. Da dies verhältnismäßig leicht passiert, achten Sie darauf, daß Ihr Wunsch nach einer bestimmten Antwort nicht bewirkt, daß sich die Handgelenke unabsichtlich drehen. Haben Sie immer ein Auge auf Ihre Handgelenke, während Sie mit den L-Ruten arbeiten, und versuchen Sie, Ihre Hände nicht zu Fäusten zu verspannen.

Gehen Sie auf das Wasserrohr zu und sagen Sie: »Ich will, daß diese L-Ruten nach außen schwenken, wenn ich zu der unterirdischen Wasserleitung komme, und ich will, daß meine Hände direkt über dem Rohr sind, wenn die Schenkel der L-Rute ganz ausgestreckt, einander entgegengesetzt, sind.

Vielleicht hingen die L-Ruten einfach nur in ihren Hülsen und taten nichts dergleichen, als Sie die Wasserleitung überquerten. Versuchen Sie es noch ein paarmal. Halten Sie die Spitzen der Ruten so hoch, wie es gerade möglich ist, ohne daß sie zur einen oder anderen Seite schwenken. Dies ist die empfindlichste Gleichgewichtsposition für L-Ruten.

Wenn Sie immer noch kein Glück haben, müssen Sie den Ruten zeigen, was Sie von ihnen wollen. Bringen Sie die Ruten in die Suchposition. *Gehen Sie auf die Stelle zu, wo, wie Sie wissen, die Wasserleitung ist.*

Während Sie sich dem entscheidenden Punkt nähern, drehen Sie Ihre Handgelenke nach außen. Jawohl, bringen Sie die Ruten in Bewegung! Tun Sie dies mehrere Male, während Sie Ihre Bewegung verstärken durch die Worte: »Ich nähere mich jetzt dieser Wasserleitung, und dabei will ich, daß ihr euch nach außen dreht!« *(Kippen Sie leicht die Hände.)*

Wenn Sie erst einmal das Gefühl für diese Bewegung haben, teilen Sie Ihren Ruten mit, daß Sie wollen, daß sie sich nach innen wenden, um ein X zu bilden, wenn Sie die Rohrleitung überqueren. Der Mittelpunkt des X soll die Leitung markieren. Wenn es korrekt funktioniert, werden die Ruten sich von allein kreuzen, wenn Sie zum Ziel kommen.

Für die meisten Verwender von L-Ruten ist Ja offene Arme, Nein überkreuzte Arme *oder die X-Position; in der* Suchposition *sind die Ruten parallel.*

Als ich beim Militär war, erhielt ich, zusammen mit etlichen anderen Soldaten, den Auftrag, veraltete elektrische Ausrüstungsstücke in ihre Bestandteile zu zerlegen. Eines Tages kamen wir während einer Pause auf das Thema Radiästhesie zu sprechen. Meine Mutter hatte mir ungefähr fünf Jahre vor jener Zeit beigebracht, nach unterirdischen Wasserleitungen zu muten. Als ich ein Standrohr mitten auf einem Feld sah, stellte ich mir die Aufgabe herauszufinden, wo die Leitung herkam, die den Anschluß mit Wasser versorgte.

Ich fertigte einige L-Ruten aus dem dicken, ummantelten Draht an, den wir aus einem elektrischen Schaltpult genommen hatten, und ging hin, um die Rohrleitung zu finden. Wir hielten uns fast am Rande der Anlage auf, und es lag auf der Hand, daß das Wasser aus dem Zentrum der Garnison kommen mußte, wo die meisten anderen Gebäude standen. Doch als ich neben dem Standrohr ankam, spürte ich den vertrauten Zug der Ruten in die entgegengesetzte Richtung zu der, die ich erwartet hätte. Das konnte nicht richtig sein. Meine Kameraden, die dem Rutengehen gegenüber ohnehin skeptisch eingestellt waren, waren jetzt überzeugt, daß es nicht funktionierte.

Ich erinnere mich, darüber nachgedacht zu haben, als ich am Abend jenes Tages zu Bett ging. Am nächsten Tage, als wir unser Elektronikzerlegungsprojekt fortsetzten, nahm ich die L-Ruten hervor und versuchte es noch einmal. Die Wasserleitung schien von einem Gebäude gleich neben dem Drahtzaun zu kommen – in der völlig falschen Richtung. Ich folgte der Richtung der unterirdischen Rohrleitung, bis ich an die Mauer jenes Gebäudes kam. Genau da, zu meinen Füßen konnte ich die Leitung in die Grundmauer verschwinden sehen. Ich denke, daß ich an jenem Tage ein oder zwei Leute bekehren konnte. Die Technik, die ich gebrauchte, wird in der folgenden Übung beschrieben.

Um Richtungen zu finden, strecken Sie einfach eine L-Rute in der Suchposition aus, und sagen Sie zu sich etwas wie: »Wo ist die nächste Straßenlaterne?« Halten Sie Ihre L-Rute in der Suchposition, aber drehen Sie sich in einem kleinen Kreis um. Wenn Sie zu der Richtung gelangen, in der die nächste Straßenlaterne zu finden sein wird, scheint die Spitze der L-Rute in der Richtung hängenzubleiben. Wenn Sie sich weiterdrehen, wird die Spitze der Rute weiterhin zur nächsten Laterne zeigen.

Sie können L-Ruten auch verwenden, um den Weg zu finden, den irgend etwas Unterirdisches nimmt. Wissen Sie, ob Ihre Wasserleitung das Haus schnurgerade verläßt, oder ob sie einen Winkel bildet? Bitten Sie die Ruten, Ihnen die Richtung zu zeigen, in die die Leitung geht. Gehen Sie mit Ihren Ruten in der Suchposition zum Rohr. Wenn Sie sich nähern, achten Sie darauf, wie die Ruten sich langsam nach außen drehen. Wenn die Arme, nach außen gerichtet, einander gegenüberstehen, befinden Sie sich nicht nur direkt über dem Rohr, sondern die beiden Ruten zeigen zudem die Richtung, in die es zu beiden Seiten verläuft. Versuchen Sie sich der Rohrleitung schräg zu nähern. Achten Sie darauf, wie der eine Arm weit zur Seite ausschlägt, der andere dagegen nur ein wenig. Beide Ruten stehen jedoch wieder einander gegenüber und zeigen Ihnen den Verlauf der Rohrleitung.

Jedes einzelne der Werkzeuge zum Muten ist für bestimmte Ermittlungen besser als ein anderes. Das Pendel ist bequem und schnell, um *Ja/Nein*-Fragen zu beantworten. Die Y-Rute ist gut, um einen bestimmten Punkt zu lokalisieren. Der Nicker ist gut, um Tiefen zu ermitteln, und die L-Ruten sind speziell nützlich, wenn Sie versuchen, die Flußrichtung eines unterirdischen Geschehens festzustellen.

Letztlich spielt es keine Rolle, welches Werkzeug Sie einsetzen. Das Allerwichtigste ist, daß, was auch immer Sie gebrauchen, es für Sie zu funktionieren scheint. Sie werden merken, daß Sie eine Art von Kommunikation mit dem Werkzeug aufbauen, das Sie verwenden. Wenn Sie gut muten, sind Sie selbst entspannt, aber das Werkzeug fühlt sich wie lebendig an. Das Pendel scheint sich von selbst zu bewegen und dreht sich heftig im Kreise. Die Y-Rute hat ein Eigenleben, und manchmal reagiert sie ganz unerwartet. Wenn Sie sich ihrem Ziel nähern – fast, als spürte sie dessen Nähe –, beginnt sie in Ihren Händen zu zittern. Dann, mit wachsender Kraft, schnellt sie nach unten, um die genaue Stelle anzuzeigen. Der Nicker zuckt und springt auf seine eigene, unnachahmliche Weise, und ich finde, er ist ein verblüffend empfindliches Instrument. Auch die L-Ruten haben ihre Art, sich selbst zu bewegen. Erfahrene Radiästheten halten die Spitzen bei starkem Wind nach unten, aber die Ruten scheinen, wenn sie nach außen schwenken, nach oben zu gehen.

KAPITEL 5
ZUSAMMENFASSUNG

Dieses letzte Kapitel handelt von Themen, die zum Muten gehören, aber noch nicht besprochen wurden: die Geschichte dieser uralten Kunst; wie die Wissenschaft das Muten einschätzt; wie sich die Radiästhesie zur Wissenschaft verhält. Es folgen auch noch einige Vorschläge, die Sie anregen könnten, in weitere Bereich forschend vorzudringen, zum Beispiel in die nicht faßbare Welt der Gedankenformen, und in das Gebiet des Mutens ohne Hilfsmittel.

GESCHICHTE DER RADIÄSTHESIE

Die Wurzeln des Mutens können wir bis in die Antike zurückverfolgen. Es gibt Hinweise und Beweise von etlichen Personen, die den Anspruch geltend machen könnten, das Muten ins Leben gerufen zu haben. Manche sagen, daß Bilderschriftzeichen an den Wänden der Tassili-Höhlen im südlichen Algerien die frühesten Hinweise seien. Diese Höhlenwände zeigen menschliche Gestalten, die auf 6000 Jahre v. Chr. datiert wurden. Eine der Gestalten hält eine Astgabel in einer Stellung, die wir als *Suchposition* bezeichnen würden. Mehr als 2000 Jahre v. Chr. war ein chinesischer Kaiser namens Yu nicht nur ein Rutengänger, sondern – so behaupten manche – unternahm eine Expedition in den Osten und reiste durch das Land, das heute der westliche Teil der Vereinigten Staaten und die Westküste Mexikos ist.

Vielleicht die beste Informationsquelle über die uralte Kunst des Mutens ist eine Stelle – bei Radiästheten viel zitiert – in der Bibel. Im Laufe des Auszuges aus Ägypten waren dem Volk, das Moses in die Wüste gefolgt war, Korn, Obst und Wasser ausgegangen, und verständlicherweise wurden die Leute unruhig. Der Herr befahl Moses (heute nennt man dieses Phänomen Channeling): »Nimm den Stab und versammle die Gemeinde, du und dein Bruder Aaron, und redet vor ihren Augen mit dem Fels; der wird sein Wasser geben.‹...

Moses und Aaron versammelten die Gemeinde vor dem Fels, und er sprach zu ihnen: ›Höret, ihr Ungehorsamen, werden wir euch auch Wasser bringen

aus diesem Fels?‹ Und Moses hob seine Hand und schlug den Fels mit dem Stab zweimal. Da ging viel Wasser heraus...« (4. Moses 20,8–11) Angesichts der Art, wie der Herr darüber sprach, schien der »Stab« hier mehr gewesen zu sein als ein gewöhnlicher Spazierstock; offensichtlich handelte es sich um ein sehr spezielles Stück Holz. Moses hatte diese nämliche Rute in Ägypten sehr wirkungsvoll bei seinen Verhandlungen mit dem Pharao zum Einsatz gebracht. Solche Dinge nennt man oft »Wunder«. Ein Wunder ist definitionsgemäß »ein Ereignis oder eine Wirkung in der physischen Welt, die von den Naturgesetzen abweicht«. Nach den modernen, wissenschaftlichen Definitionen der Naturgesetze ist das Muten ein Wunder. Und Moses war ein Rutengänger.

Jüngere geschichtliche Überlieferungen der Radiästhesie stammen aus der Zeit der Hexenverfolgungen und -verbrennungen in Mittelalter und Renaissance. Im Jahre 1728 wurde im calvinistischen Schottland die letzte Hexe hingerichtet. Überall in Europa hatten die Menschen das Muten als eines ihrer Hilfsmittel verwendet, um sich selbst und andere zu heilen. Ihre Fähigkeit, Wasser zu finden, war so wichtig, daß man sie nicht einfach auslöschen konnte. Die Wasser suchenden Rutengänger überlebten. Jene aber, die ihre Fähigkeit zum Heilen und zur persönlichen spirituellen Arbeit einsetzten, wurden brutal unterdrückt. Nach den Aussagen feministischer Forscherinnen wie Monica Sjöö und Starhawk sind der Kirche und ihrer Inquisition 9 000 000 Hinrichtungen in jener Zeit anzulasten. Der britische Historiker Ronald Hutton von der Universität Bristol bestreitet diese Zahl und kommt zu dem Ergebnis, daß die richtige eher im Bereich von 60 000 anzusiedeln sei. Vielleicht waren es wirklich »nur« 60 000 Tote, aber das Resultat war das gleiche – das intuitive Bewußtsein in Europa hatte einen empfindlichen Schlag erlitten, und die alten Gebräuche – mit ihnen das Muten – starben aus in den Herzen von gut über 9 000 000 Menschen.

Christopher Bird beginnt seine Geschichte der Radiästhesie, *The Divining Hand*, Mitte des 17. Jahrhunderts mit dem Franzosen Martine de Bertereau, der mit Erfolg über 150 Kohleflöze fand und dafür mit lebenslanger Haft belohnt wurde. Das ist ein typisches Beispiel dafür, wie das Muten der Wissenschaft nützt, selten aber dem Radiästheten. Im Laufe der Zeit wurden die radiästhetischen Fähigkeiten eingesetzt, um die vielen Metalle zu finden, die für die Maschinerie der Wissenschaft notwendig sind. Wie erst die

ZUSAMMENFASSUNG

Wassersucher wurden die Erzsucher in Europa so wichtig und gefragt, daß die Kirche sie nicht länger unterdrücken konnte.

Als ich mich Ende der sechziger Jahre der American Society of Dowsers anschloß, war der durchschnittliche Teilnehmer bei den jährlichen Zusammenkünften männlich und 65 Jahre alt. Inzwischen sind viel mehr Frauen dazugestoßen. Selbst bei dieser anfänglich starken männlichen Dominanz gibt es etliche Frauen, die sich auf dem Gebiet der Radiästhesie einen Namen gemacht haben. Eine von ihnen ist Evelyn Penrose. Sie wurde in Cornwall, im Südwesten Englands, in einer Familie geboren, in der die Radiästhesie schon seit Generationen lebte. Evelyn zog nach Kanada und wurde 1931 von der Regierung von Britisch-Kolumbien als Wasser- und Mineralsucherin eingestellt. Sie hatte eine Erfolgsquote von 90%, und die Geschichten ihrer Wasserfunde für Farmer und Rancher während der Dürrezeiten sind legendär. Ende der vierziger Jahre übersiedelte sie nach Neusüdwales in Australien und war dort den von der Dürre betroffenen Farmern und Ranchern eine große Hilfe bei der Suche nach Wasser.

In den zwanziger und dreißiger Jahren wurden in Europa verschiedene Organisationen gegründet, darunter auch die British Society of Dowsers. Erst 1958 tat sich eine Gruppe von Radiästheten in Danville im US-Bundesstaat Vermont zusammen, die später die American Society of Dowsers gründeten. Seit damals veranstalten sie Zusammenkünfte und Kongresse sowie örtliche Schulungen überall in den USA. Informationen über Fachorganisationen und -zeitschriften finden Sie auf Seite 123.

Die Begriffe, die in der englischen Sprache für diese uralte Kunst gebraucht werden, spiegeln deren Wurzeln wider: Das Muten gilt als ein Aspekt der Divination, d. h. der Ahnung, der Voraussage (z. B. künftiger Ereignisse) – der Wahrsagekunst. Die Divination ist eine heilige Kunst; das lateinische Wort *divinus* hieß »göttlich, weissagend«. Es ist etwas Heiliges an den Verbindungen und Zusammenhängen, die durch die Arbeit mit Rute oder Pendel aufgezeigt werden. Wünschelrutengänger werden im Englischen oft traditionell als *water witches* bezeichnet, d. h. »Wasserhexen«. Das ist ein klarer Hinweis auf den Ursprung der Kunst des Mutens. Er liegt in der Hexentradition, in der Tradition der Göttin, der weiblichen, intuitiven Seite unseres geistigen Erbes.

Radiästhesie und Wissenschaft

Wenn man sich mit der Literatur beschäftigt, stellt man fest, daß es nur sehr wenige erfolgreiche wissenschaftliche Untersuchungen der Radiästhesie gegeben hat. Im Jahre 1906 leitete Professor Julius Wertheimer eine Untersuchung, die zum klassischen wissenschaftlichen Test für Radiästheten geworden ist: Auf der Erde vor dem Mutenden sind drei Rohre; jedes ist mit einer Wasserquelle verbunden. Die Frage lautete: »Durch welche Leitung fließt im Augenblick Wasser?« Wie bei den meisten folgenden Tests dieser Art scheiterten hier die Radiästheten trotz aller Erfahrung.

K. W. Merrylees, früher Präsident der British Society of Dowsers, war sich seiner Fähigkeiten sicher genug, um sich auf einen Test einzulassen, der Anfang der siebziger Jahre durchgeführt wurde, um festzustellen, ob Radiästheten Blindgänger aus dem Zweiten Weltkrieg in einem Gebiet im Norden Londons finden könnten. Merrylees und seine Rutengängerkollegen schnitten nicht besser ab, als der Zufallswahrscheinlichkeit entsprach.

Bill Lewis, ein Meister unter den Rutengängern, mit dem zu arbeiten ich in der Nähe seiner Heimatstadt Abergavenny in Wales das Vergnügen hatte, ist in ganz Großbritannien bekannt. Als er mit Paul Devereux am Dragon Project im Steinkreis von Rollright, nördlich von Oxford, arbeitete, kamen sie auf das Gespräch über Radioaktivität an heiligen Stätten der Antike. Bill zog das Pendel hervor und wies auf einen Ring von Kleepflanzen im Innern des Steinkreises. Er erklärte Paul, daß er hier auf erhöhte Radioaktivität stoßen werde. Da zwei Geigerzähler zur Hand waren – einer davon gehörte Bill –, wurde diese Aussage sofort nachgeprüft – und bestätigt! Doch als man Bill aufforderte, eine elektronische Version des klassischen Dreiwasserleitungentests zu versuchen (es handelte sich um 25 elektronische Schaltkreise, und Bill sollte ermitteln, welche von ihnen ein- und welche ausgeschaltet waren), waren seine Resultate nicht besser, als es der Zufallswahrscheinlichkeit entsprach.*

Frances Farrelly, eine hochgeschätzte Radiästhetin aus Florida, ist Kuratoriumsmitglied der American Society of Dowsers. Sie ist heute eine der am meisten geachteten Radiästhetinnen in den Vereinigten Staaten und hat für

---

* Francis Hitchings: *Dowsing. The Psi Connection*

ZUSAMMENFASSUNG

Stanford Research International in Menlo Park, Kalifornien, gearbeitet. Vielleicht am bekanntesten sind ihre Fernmutungen, das Pendeln zur Entdeckung von unbekannten Orten oder Ereignissen. Während viele Versuchspersonen eine bestimmte Szene erstaunlich genau »sehen« konnten, vermochten doch die meisten nicht anzugeben, wo sie stattfand. Frances meinte, daß Radiästheten vielleicht ihre Methode des Landkartenpendelns einsetzen könnten, um einen Ort zu finden. Sie führte eine Versuchsreihe mit dem Titel »Projektsuche« durch und forderte Radiästheten aller Fähigkeitsgrade aus dem Adressenverzeichnis der ASD auf, verschiedene Objekte auf einer Landkarte zu lokalisieren.

Die Ergebnisse waren kaum ermutigend. Bei ihrem zweiten Experiment zum Beispiel bat sie ASD-Mitglieder, die Stelle auf einem Stadtplan von St. Petersburg, Florida, zu finden, an der zwei ans Haus gefesselte ältere Damen wohnten. Mit Hilfe eines Gitterrasters von 400 (20×20) Planquadraten gelang es nur 3 von 202 Radiästheten, das richtige Planquadrat anzugeben, in dem die beiden älteren Damen wohnten.

Während manche Experimente besser ausfielen als andere, zeigten alle Tests zusammengenommen, daß Radiästheten keine besseren Ergebnisse erzielten, als es der Zufallswahrscheinlichkeit entsprach.

Warum aber sollten alle diese kompetenten Radiästheten ihren Ruf riskieren bei dem Versuch, wissenschaftlich zu beweisen, daß das Muten funktioniert, wenn sie intuitiv wußten, daß sie bisher erfolgreiche, positive Ergebnisse erzielt hatten?

Doch immer wieder, wenn die Radiästhesie ins wissenschaftliche Scheinwerferlicht gestellt wird, scheint sie zu versagen. Es gibt einige Ausnahmen dieser Aussage. Dr. Zaboi V. Harvalik, ein geachteter Physikprofessor der Universität von Arkansas, später ein Berater der United States Army's Advances Concepts Materials Agency in Alexandria, Virginia, ist ein besonderer Fall. Über viele Jahre hinweg veröffentlichte Harvalik die Ergebnisse seiner Experimente im ASD Digest; viele dieser Versuche hatte er im Hof seines Hauses in Lorton, Virginia, durchgeführt. Ohne auf die kleinsten Einzelheiten einzugehen, konnte er elektromagnetische Felder erzeugen, indem er bestimmte Frequenzen in die Erde strahlte. Er fand heraus, daß 90% der von ihm untersuchten Menschen einen Unterschied von weniger als einer halben Gamma-Einheit aufspüren konnten. Besonders Wilhelm de Boer, ein deutscher Radiästhet, konnte Unterschiede im Magnetfeld aufspüren, die nur ein Milliardstel des relativ schwachen Erdmagnetfeldes betrugen! Leider gehört Harvaliks Arbeit zu der nur sehr kleinen Sammlung erfolgreicher wissenschaftlicher Untersuchungen mit Radiästheten. Sie ist die Ausnahme der allgemeinen Regel.

Ich habe einen Magistertitel in »Sacred Space« erhalten. Das war eine interdisziplinäre Arbeit, bei der ich untersuchte, wie heilige Stätten rund um die Erde in der Vorreformationszeit gebaut wurden. Solche Stätten unterscheiden sich erheblich in ihrer äußeren Erscheinung. Vergleichen Sie nur die Cheopspyramide in Ägypten mit der gotischen Kathedrale von Chartres oder der megalithischen Anlage von Stonehenge, mit indianischen Kulthügeln wie dem Schlangenhügel in Adams County, Ohio, oder den Tempelanlagen von Angkor Wat in Thailand. Während sie jedoch recht unterschiedlich aussehen, besitzen solche heiligen Stätten doch einige interessante Übereinstimmungen. Sie alle sind auf Kraftzentren gebaut; sie wurden nach bestimmten geometrischen Prinzipien errichtet, nach der sakralen Geometrie, und die Anlagen sind nach einem wichtigen astronomischen Punkt (gewöhnlich einem solaren oder lunaren, selten nach einem stellaren Orientierungspunkt) ausgerichtet. Zu diesem letzten Aspekt gehört die Beschäftigung mit antiker Astronomie, die Archäoastronomie.

Diese drei gemeinsamen Faktoren – Kraftzentren, sakrale Geometrie und Archäoastronomie – scheinen als Verstärker zu wirken zusammen mit Dingen wie Räucherwerk, rituellem Gesang, Trommeln und anderen besonderen Praktiken. Sie steigern die Möglichkeit, das Gewahrsein unserer intuitiven Seite zu steigern.

Ein wissenschaftliches Labor ist eine ganz andere Art von Raum. Es ist errichtet, um das Rationale und Lineare zu steigern statt des Intuitiven. Alles wird unternommen, um das Subjektive auszuschalten und jegliche Möglichkeit einer unberechenbaren Reaktion zu beseitigen. Es ist kein Wunder, daß das Muten in einer solchen Umgebung nicht gut funktioniert. Wenn die Intuition völlig umzingelt ist und kontrolliert von rationalen Kräften, ist die Annahme logisch, daß sie nicht gut funktionieren kann.

Ich fühlte mich bei dem Versuch, in einem total kontrollierten, wissenschaftlichen Experiment zu pendeln, wie ein kleiner dunkler Punkt in dem Meer von Licht, das die eine Hälfte des Yin/Yang-Symbols ausmacht (Seite 63).

ZUSAMMENFASSUNG

Der Pendler ist der kleine dunkle Punkt, von allen Seiten umgeben vom blendenden Licht der Wissenschaft, und abgeschnitten von seiner dunklen, intuitiven Seite. Ja, es ist möglich, auch unter solchen Umständen zu pendeln, aber es ist nicht sehr wahrscheinlich.

Eine ideale Umgebung, in der die intuitive Seite des Radiästheten arbeiten kann, ist heiliger Raum. Ein wissenschaftliches Labor ist das Gegenteil des heiligen Raumes. Eine bessere Frage wäre vielleicht: »Warum verschwinden die Fähigkeiten, die, wie wir intuitiv wissen, in der realen Welt wirken, so plötzlich, wenn wir die wissenschaftliche Methode einsetzen, um andere von der Gültigkeit der Radiästhesie zu überzeugen?«

Eine der Grundthesen der wissenschaftlichen Methodik ist das Beharren auf jederzeitiger und beliebiger Wiederholbarkeit. Ich muß also in der Lage sein, ein Experiment zu ersinnen, so daß jedermann auf Erden, unter der gleichen Art von Umgebung und nach der gleichen Vorgehensweise, die gleichen Resultate erzielt. So aber funktioniert die Radiästhesie nicht. Sie ist nicht in absolut jedem Falle hundertprozentig korrekt. Sie ist nicht immer wiederholbar.

Ich sprach mit der bekannten Radiästhetin Frances Farrelly über ihre Versuchsreihen. Abgesehen von ihrer Enttäuschung über deren Resultate, sagte sie: »Ich glaube nicht, daß Radiästheten den Kriterien der wissenschaftlichen Methodik unserer Zeit gerecht werden können. Dies gilt insbesondere, wenn man den Anspruch der Wiederholbarkeit betrachtet.«

Ich bin sicher, daß Sie selbst entdeckt haben, daß der Faktor, der sich dem Radiästheten am meisten in den Weg stellt – er selbst ist. Da wir Individuen und Menschen sind, können alle unsere Erwartungen, Bedürfnisse und unsere jeweilige Bewußtseinsebene, die wir zu unserem Mutungserleben beitragen, die Resultate beeinflussen. Denken wir an die Quantenmechanik: Werner Heisenberg spricht mit seinem Unschärfeprinzip die Unmöglichkeit an, den Beobachter vom Beobachteten, also vom Experiment, zu trennen. Diese Sicht paßt gut zu dem fähigen Radiästheten, der in der Gesellschaft des kühl-objektiven, vielleicht etwas feindselig eingestellten, wissenschaftlichen Beobachters versagt. Der Beobachter interagiert mit dem Experiment, und leider arbeiten nicht alle Teile des Experiments in Harmonie zusammen.

Ein Teil dieses Dilemmas entspringt dem sehr realen Umstand, daß der Mensch (und vor allem der Mann) des 20. Jahrhunderts sein Recht, die höchste Realität – das, was wahr ist – zu definieren, an Wissenschaftler abgetreten hat. Die Wissenschaftler wurden zu den Priestern des 20. Jahrhunderts. So mancher läßt sich seine Realität von der Wissenschaft definieren. Was du nicht schmecken, sehen, berühren, riechen oder hören kannst, was zudem auch keinen Zeigerausschlag an einem Instrument bewirkt, das existiert nicht. Wenn die Wissenschaft sagt, das gibt es nicht, dann gibt es das auch nicht.

Die Erforschung unserer Intuition und dessen, was C. G. Jung das Unbewußte nannte, das Reich der Archetypen, und der Bereich der Radiästhesie – sie brauchen einen anderen Zugang, der nicht die Gültigkeit der Wissenschaft leugnet, sondern sowohl wissenschaftliche Methodik als auch Intuition einzusetzen bemüht ist: nicht nur der in der linken Gehirnhälfte konzentrierte analytische Humanismus, sondern auch die intuitiven, kreativen, spirituellen, expansiven Aktivitäten der rechten Hemisphäre.

Techniken, die Menschen überall geholfen haben, persönlich das Intuitive und Spirituelle zu erleben, wurden tausend Jahre lang unterdrückt. Wir stecken alle noch in den Kinderschuhen auf dem Gebiet des Mutens. In unserem derzeitigen Entwicklungsstadium ist es für einen Wissenschaftler ungefähr ebenso richtig, die Radiästheten einem wissenschaftlichen Test zu unterziehen, wie es wäre, ein neunjähriges Mädchen nach den ersten Reitstunden nach olympischen Maßstäben zu beurteilen.

Das Muten ist eine Fertigkeit, aber keine antiwissenschaftliche. Tatsächlich verlangt es rationalen Einsatz, um die richtige Frage zu formulieren: Dies würde jeder Wissenschaftler bestätigen. Es ist jedoch an der Zeit, daß Wissenschaftler einen anderen Zugang versuchen und anfangen, mit fähigen Radiästheten zusammenzuarbeiten, anstatt mit ihnen zu experimentieren. Diese Vereinigung des Wissenschaftlichen mit dem Intuitiven, des Objektiven mit dem Subjektiven, wird die besten Resultate hervorbringen.

ZUSAMMENFASSUNG
GEDANKENFORMEN UND MUTEN

Gedanke hat Form.

Prüfen Sie diese Vorstellung selbst. Nehmen Sie Ihr liebstes Werkzeug zum Muten zur Hand, und ziehen Sie mit dem Finger vor sich eine »gedachte« Linie. Nun muten Sie nach dieser Linie, als suchten Sie eine Wasserader. Die Reaktionen von Rute oder Pendel sollten die gleichen sein.

Eines der einfachsten Beispiele der Macht von Gedanken erweist sich, wenn der Radiästhet stärker daran interessiert ist, eine bestimmte Antwort zu erhalten als die Wahrheit zu hören. In diesem Fall geraten ihm die *eigenen* Gedankenformen in den Weg. Wir haben dies schon bei mehreren Gelegenheiten erwähnt. Das Bedürfnis, eine bestimmte Antwort zu erhalten, bewirkt, daß ebendiese Antwort kommt.

Gedankenformen können auf viele verschiedene Weisen erzeugt werden. In den Vereinigten Staaten treffen sich alljährlich im September 800 bis 900 Menschen in Danville, Vermont, zur Jahresversammlung der American Society of Dowsers. Die meisten Übungen unter freiem Himmel finden im Stadtpark statt. Im Laufe der Jahre haben hier Tausende von Radiästheten nach Wasser gesucht.

Das Muten ist nicht *immer* korrekt. (Ich bin sehr skeptisch gegenüber jedem, der behauptet, daß er immer die richtigen Resultate erhält, oder daß es noch nie eine Wasserader oder Energielinie gab, die er nicht gefunden hätte) Während sie ihr Handwerk noch lernen, muten viele Radiästheten Wasseradern, die überhaupt nicht vorhanden sind. Ich glaube also, daß viele Radiästheten etliche Gedankenformen in den Stadtpark von Danville »gepflanzt« haben, ob sie dabei nun tatsächliche unterirdische Wasseradern gefunden haben oder nicht. Während der Park nur relativ wenige echte Wasseradern birgt, ist er mittlerweile befrachtet mit allen möglichen Gedankenformen-Wasseradern, die die Radiästheten dort hinplaziert haben in dem Glauben, echte Adern gefunden zu haben.

Wut und Zorn können sehr starke Gedankenformen erzeugen. Angenommen, Sie haben sich mit Ihrem Partner gestritten und kommen dann zu dem Schluß, daß es an der Zeit sei, sich wieder zu vertragen. Wenn Sie an der gleichen Stelle sind, an der der Streit stattgefunden hat, hängt die Wut dort, gleich einer dunklen Wolke, immer noch in der Luft, und wirkt Ihrem Versöhnungsversuch entgegen. Die Verbrennung von getrocknetem Salbei und die Beräucherung der vier Ecken des Raumes mit dem Gedanken, das Zimmer von aller Negativität zu reinigen, wird Ihnen helfen, solche Gedankenformen der Wut zu beseitigen – und dem Raum zu einer wesentlich angenehmeren Atmosphäre zu verhelfen. (Salbei wirkt übrigens auch gut in Zimmern, in denen Menschen krank gewesen sind.)

Für den Pantomimen sind Gedankenformen etwas sehr Reales. Mein Freund Rob Mermin, ein Schüler von Marcel Marceau, mußte für diese Realität Lehrgeld bezahlen. Eines Tages, während er auf einer kahlen Bühne stand, baute er mit seiner Gestik ein Zimmer, in dem er dann seine Rolle spielte. Ohne etwas zu denken, ging er aus Versehen geradewegs auf eine der gedachten »Wände« zu – schlug an und landete auf dem Hinterteil!

Gedankenformen können lange Zeit an Ort und Stelle bleiben. Während eines meiner Englandaufenthalte folgte ich einer Feldlinie (ley line, Aneinanderreihung von heiligen Stätten), die durch Arbor Low führt, einen Kreis liegender Megalithe in der Nähe von Buxton, Derbyshire, was ein berühmtes Feldlinienzentrum ist. (Bei einem liegenden Steinkreis gibt es keinen Beweis dafür, daß die Felsen je aufrecht gestanden waren.) Die Feldlinie, die ich verfolgte, wurde nicht von einem Energiefeld (siehe Seite 93) gesäumt. Von den dreißig oder mehr Feldlinien, die sich in Arbow Low angeblich kreuzen (manche geben noch größere Zahlen an), fand ich nur vier.

Doch zurück zu jener besonderen Anordnung. Ich war in einer Grabkammeranlage in Altwark, im Südosten von Arbor Low. Die Hauptachse des Grabes ist genau nach Arbor Low ausgerichtet, aber ich konnte hier kein Energiefeld finden. Ich fragte mich, ob ich die Absicht der Erbauer muten könne, wenn sie das Grab auf den herrlichen Steinkreis ausgerichtet hatten, und da fand ich eine ein Meter breite Absichtslinie, die nach Nordosten wies. Man könnte also sagen, ich mutete eine 4000 Jahre alte Gedankenform.

Eine Übung, die Sie selbst durchführen können, setzt voraus, daß Sie einen Helfer haben, der eine Gedankenform irgendwo im Raume ablegt. Ihr Freund muß bereit sein, sich klar zu konzentrieren und nichts mehr (auch nicht gedanklich) zu verändern, nachdem die Gedankenform an Ort und Stelle plaziert ist. Diese Gedankenform kann alles sein, von einer einfachen Ziffer bis hin zu einem komplexen, farbigen Bild. Sie können versuchen zu muten,

ZUSAMMENFASSUNG

wo die Gedankenform sich befindet, sobald Ihr Freund Ihnen mitgeteilt hat, daß er sie plaziert hat. Wenn Sie sehr sorgfältig arbeiten, können Sie sogar die Gestalt der Gedankenform ermitteln. Ist es eine Pyramide? Ein Würfel? Eine Kugel? Eine andere Form? Versuchen Sie, die Form mit den Händen zu »erfühlen«.

Ich empfehle Ihnen, wenn Sie nach Gedankenformen muten sollen, diese auszulöschen, wenn Sie sie gefunden haben. Das ist einfach zu erreichen, indem man mit der Hand über sie streicht, als wischte man eine Tafel sauber. Diese Geste konzentriert Ihre Absicht, die gerade geschaffene Gedankenform zu beseitigen. Andernfalls könnten Sie der Gedankenform wieder begegnen, wenn Sie versuchen, etwas ganz anderes zu finden.

Gedanken, die Emanationen unseres Gehirns, sind genauso real wie dieses Buch, das Sie in Ihren Händen halten. Ich habe ein wirkliches Dreieck und eine Gedankenform von demselben in eines der Planquadrate des Weltkartendiagramms (Seite 44) projiziert. Können Sie es finden? Das Gedankenformdreieck und das gezeichnete Dreieck bilden zusammen die Form eines Davidssternes (ein sechszackiger Stern aus zwei gleichseitigen Dreiecken). Können Sie den ganzen Stern muten? Vergleichen Sie Ihr Ergebnis mit den Angaben auf Seite 122.

Muten ohne Hilfsmittel

Es gibt einige Radiästheten, die keine Hilfsmittel wie Pendel, Y-Ruten oder Diagramme verwenden. Sie arbeiten ohne Werkzeuge. In gewissem Sinne haben sie Möglichkeiten entwickelt, ihr Handwerkszeug immer bei sich, das heißt in sich, zu haben. Dies öffnet einen Bereich, der die Thematik dieses Buches übersteigt. Die folgende Übung jedoch deutet einige einfache Methoden an, Anfänge in diese Richtung zu wagen, falls Sie daran interessiert sind.

Lesen Sie diesen nächsten Abschnitt durch. Legen Sie dann das Buch nieder und versuchen Sie die folgende Übung. Kennen Sie den Bildschirm, auf dem sich Ihre Träume abspielen? Den Bildschirm zwischen und direkt oberhalb Ihrer Augen? Versuchen Sie dort Ihr Pendel in der Suchposition *zu sehen. Nun sehen Sie, wie es sich bewegt: zuerst die* Ja-, *dann die* Nein-Reaktion.

Es ist vielleicht einfacher, die Bewegungen zu »sehen«, wenn Sie die Augen geöffnet halten und ins Leere sehen. Fixieren Sie den Blick nicht auf etwas, sondern »sehen« Sie das Pendel. Meine Ja-Reaktion ist ein Kreisen im Uhrzeigersinn, meine Nein-Reaktion rotiert im Gegenuhrzeigersinn. Ich stelle mir das Zeichen des Tierkreisbildes Widder ♈ direkt oberhalb meiner Augenbrauen vor und blicke auf den Punkt am unteren Ende, an dem die beiden Bögen zusammenfließen. Ich stelle die Frage, und wenn ich bemerke, daß meine Augen nach oben und rechts gehen, ist die Antwort Ja; nach oben links lautete die Antwort Nein. Es kommt wieder darauf an, daß Sie Ihren bewußten Wunsch nach einer bestimmten Antwort aus dem Spiel lassen. Seien Sie sich Ihres Bedürfnisses nach einer spezifischen Antwort gewahr, aber passen Sie auch auf, daß dieses Bedürfnis sich nicht in den Prozeß der Wahrheitsfindung einmischt.

So viele Menschen unserer Zeit, die Produkte der westlichen Ausbildung sind, stellen fest, daß in ihrem Leben etwas fehlt. Auf unserer Suche nach Wahrheit scheint der rationale Weg nicht immer zum Ziel zu führen, und mehr und mehr Menschen sprechen über neue Wege des intuitiven Wissens. Dieses Buch ist erst der Anfang. Wenn Sie das Pendel als nützlich erlebt haben, dann finden Sie bitte mehr über dieses merkurische Problemlösungsinstrument heraus. Ich empfehle Ihnen auch, sich einer der Organisationen anzuschließen, die am Ende des Buches genannt sind.

Das Pendel und die anderen Werkzeuge, die ich hier beschrieben habe, können Ihnen helfen, Ihre Intuition zu entfalten. Sie vermögen Ihnen auf Ihrer inneren Reise zu Ihrer Wahrheit hin Beistand zu leisten. Muten ist gewiß nicht der einzige Weg, wie mancher andere Weg es von sich behauptet, doch mehr und mehr Menschen stellen fest, daß Muten ein ausgeglichenes und nützliches Mittel in ihrem Leben ist. Ich hoffe, Sie werden sich dem anschließen.

Fachverbände und -Zeitschriften

Deutsche Gesellschaft für Geobiologie
Fachschaft deutscher Rutengänger
Wilhelm Prenzyna
Sandweg 3
D-8411 Eilsbrunn

Forschungskreis für Geobiologie e. V.
Wetter–Boden–Mensch
Dr. med. Ernst Hartmann
Adolf-Knecht-Straße 25
D-6930 Eberbach
Tel.: 06274/6868

Zentrum für Radiästhesie
Herold-Verlag Dr. Franz Wetzel
Kirchbachweg 16
D-8000 München 71
Tel.: 089/7915774
Zeitschrift für Radiästhesie

Goldadler-Bildungskreis für
Radiästhesie und Bioenergetik
Ernst A. Kroeger
Bruckenfischerstr. 9
D-8000 München 90
Tel.: 089/6991417 oder 3081104

Schweizerischer Verein für Radiästhesie
Verlag RGS
Postfach 944
CH-9001 St. Gallen
Tel. 071/226621
Schweizerische Zeitschrift für Radiästhesie, Geopathie, Strahlenbiologie (RGS)

Österreichischer Radiästheten-Verband
Lenaugasse 5/18
A-1080 Wien

DAS PENDEL-SET

DIE WELTKARTE

Die Antworten auf die Weltkarten-Pendelübungen auf Seite 44/45 werden hier in Planquadratkoordinaten angegeben. Vergleichen Sie mit den Koordinaten, die Sie ermittelt haben. Wenn sie übereinstimmen, sind Sie auf Öl gestoßen! Wenn die ermittelten Koordinaten hier nicht stehen, gehen Sie zurück und pendeln Sie erneut über der Weltkarte.

A1, B1, B2, C1, C2, C4, C5, D1, D2, D3, D4, D5, D6, D7, E2, E3, E4, E5, E6, E7, F1, F4, F5, F6, F7, F8, F9, F10, G2, G3, G4, G7, G8, G9, G10, G11, G12, G13, H2, H4, H8, H11, H12, H13, I9, I10, I11, J2, K1, K2, K4, K5, K6, K7, K8, L2, L3, L4, L5, L8, M1, M2, M3, M4, M5, M9, M10, M11, N1, N4, N5, N6, O1, O3, O4, O5, O6, O8, O9, O10, O11, P1, P5, P6, P7, P8, Q1, E1, R5, R7, S1, S3, S4, S6, T1, T2, T6, T7, T8, U1, U2, U3, U4, U5, U6, U7, U8, U9, U10, U11, V1, V2, V3, V4, V9, V10, V11, V12, W8, W9, W10, W12, X8, X9, X10, X12, X13, Z12.

Die Antwort auf die Gedankenformübung mit dem sechszackigen Stern auf Seite 118 ist auf der Weltkarte im Planquadrat L7.

LITERATUREMPFEHLUNGEN

Archdale, F. A.: *Elementary Radiaesthesia and The Use Of the Pendulum.* Health Research, Mokelumne Hill, California 1961 (erhältlich bei ASD Book & Supply). Gute Einführung

Die Bibel. Einheitsübersetzung. (Quellenbuch zu den Themen Radiästhesie und sakrale Geometrie)

Bird, Christopher: *Wünschelrute – Oder das Mysterium der weissagenden Hand.* Gräfelfing 1987 (Geschichte der Radiästhesie der letzten fünfhundert Jahre)

Farrelly, Frances: *Search: A Manual of Experiments.* ASD Book & Supply, Danville, Vermont 1988 (Landkartenpendeln, ASW, PSI)

Graves, Tom: *Radiästhesie – Pendel und Wünschelrute.* Freiburg 1987.

Graves, Tom: *Needles of Stone Revisited.* Gothic Image Publ., Glastonbury, Somerset 1986 (Radiästhesie und Mysterien der Erde).

Graves, Tom: *The Diviner's Handbook.* Aquarian Press, Wellingborough 1986

Graves, Tom: *The Dowser's Workbook. Aquarian Press, Wellingborough 1989*

Graves, Tom: *The Elements of Pendulum Dowsing.* Element Books, Shaftesbury, Dorset 1989

Hitchings, Francis: *Dowsing, The Psi Connection.* Anchor Books/Doubleday, Garden City, New York 1978 (guter Überblick über die Radiästhesie)

Howard-Gordon, Frances: *Glastonbury. Maker of Myths.* Gothic Image Publ., Glastonbury, Somerset 1982 (die Legenden um Glastonbury, eine Pilgerstadt)

Jenkins, Palden: *Living In Time.* Gateway Books, Bath, Somerset 1987 (ein neuer Blick auf die Grundlagen der Astrologie)

Lonegren, Sig: *Earth Mysteries Handbook: Wholistic Non-intrusive Data Gathering Techniques.* ASD Book & Supply, Danville, Vermont 1985 (sakrale Geometrie, Archäoastronomie und Radiästhesie)

Lonegren, Sig: *Spiritual Dowsing.* Gothic Image Publ., Glastonbury, Somerset 1986 (Radiästhesie, Erdenergien, alte Kultstätten, Heilen)

MacLean, Gordon: *Field Guide to Dowsing.* ASD Book & Supply, Danville, Vermont 1980 (Grundlagen der Radiästhesie)

Parker, Derek & Julia: *The Compleat Astrologer.* Mitchell Beazley, London 1971 (vollständiges Astrologieanfängerbuch)

Postman, Neil & Weingartner, Charles: *Teaching as a Subversive Activity.* Delacorte Press, New York 1969 (eine gnostische Stimme im Bereich des Bildungswesens)

Sheldrake, Rupert: *Das schöpferische Universum – Die Theorie des morphogenetischen Feldes.* München (Goldmann) 1985

Sjöö, Monica & Mor, Barbara: *The Great Cosmic Mother: Rediscovering the Religion Of the Earth.* Harper & Row, San Francisco 1987 (Geschichte der Mutter Erde)

Starhawk: *Wilde Kräfte – Sex und Magie für eine erfüllte Welt.* Freiburg 1987 (feministische Darstellung der Hexenverfolgungen)

Underwood, Guy: *The Pattern Of the Past.* Abelard-Schuman, New York 1973 (Erdenergie – Muten für Fortgeschrittene)

Watkins, Alfred: *The Old Straight Track.* Abacus, London 1974 (das erste, bereits 1925 veröffentlichte britische Buch über Feldlinien)

Willey, Raymond C.: *Modern Dowsing.* ASD Book & Supply, Danville, Vermont 1976 (Grundlagen der Radiästhesie)

ÜBER DEN AUTOR

Sig Lonegren befaßt sich seit Ende der sechziger Jahre mit heiligen Stätten und hat einen Magistertitel in Sacred Space, dem Studium der spirituellen Zentren aus der Zeit vor der protestantischen Reformation. Er ist Verfasser von *Earth Mysteries Handbook: Wholistic Non-intrusive Data Gathering Techniques,* in dem er die sakrale Geometrie, Archäoastronomie und Radiästhesie bespricht, und *Spiritual Dowsing,* einem Buch, das die Radiästhesie sowohl als ein Mittel zum Orten von Erdenergien erforscht, wie sie an alten heiligen Stätten zu finden sind, als auch für Gesundheit und zum Heilen. Sig war Kuratoriumsmitglied der American Society of Dowsers und leitete mehrere Jahre lang deren Radiästhesieschule. Er ist in Vermont, USA, zu Hause und verbringt jedes Jahr einige Zeit im Herzen von König Artus' Avalon, in Glastonbury, England. Die vergangenen vier Jahre hat Sig zu den Erdenmysterien-Versammlungen in England beigetragen. Diese einwöchigen Camps, die von einer Gruppe namens OakDragon organisiert werden, befassen sich mit spezifischen Themen wie Musik und Tanz, Astrologie, Heilen, Kreativität, Zeremonie und mit dem Erfahren des antiken Britannien.

Anschrift des Autors:
Sig Lonegren, P.O.Box 218, Greensboro, Vermont 05841, USA

Ralph Blum

Das Runen-Orakel

Aus dem Englischen von Karl Friedrich Hörner

*120 Seiten mit zahlreichen Abbildungen, Leinen.
Komplett als Set mit 25 Runen aus Stein in einer Kassette*

Als Pendant zum chinesischen I Ging besitzt die germanische Tradition die Runen. Das vorliegende System war als »gemeingermanische Runenreihe« von 150 v. Chr. bis 800 n. Chr. in Gebrauch, und zwar primär für Orakelzwecke. Der Benutzer dieser Kassette erhält neben den 25 Runensteinen alles, was er für die unmittelbare Befragung benötigt: klare Erläuterungen zur Frage- und Legetechnik sowie Interpretationen zu den einzelnen Steinen. Ein Buch, das unterhaltsam und außerordentlich hilfreich sein kann und das uns außerdem unseren Wurzeln wieder näher bringt.

HEINRICH HUGENDUBEL VERLAG

Liz und Colin Murray

Das keltische Baumorakel
Ein divinatorisches Kartenlegesystem

Aus dem Englischen von Karl Friedrich Hörner

128 Seiten, Pappband. Mit 25 keltischen Ogham-Karten, Protokollblatt und Notizbuch, komplett als Set in einer Holzkassette

Basierend auf ihrer intensiven Kenntnis der keltischen Kultur haben die Autoren eine ausführliche Version dieses alten Orakels entwickelt. Sie erklären klar, wie man die Karten lesen uns interpretieren muß und machen dem heutigen Leser damit das grundlegende und reichhaltige Wissen der Kelten zugänglich. Wie im Tarot kann der Leser eine starke Beziehung zu den Karten entwickeln und wird nach und nach eine persönliche Auffassung der Ogham-Symbole entwickeln. Neben der ausführlichen Deutung der Karten wird im Buch Geschichte und Leben der Kelten beschrieben.

HEINRICH HUGENDUBEL VERLAG